I0512723

www.ingramcontent.com/pod-product-compliance
Lightning Source LLC
Chambersburg PA
CBHW070418230526
45471CB00006B/2862
*9781987641172*

# مُرده‌ای که مُرده بود
# یک نفس عمیق کشید
# یا
# ۳۸ روز انفرادی اوین

فاطمه اختصاری

توانا
TAVAANA
آموزشکـــده آنلایـــن
برای جامعه مدنی ایران
e-collaborative
*for civic education*

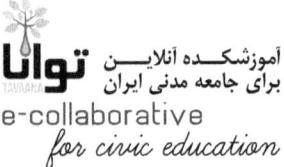

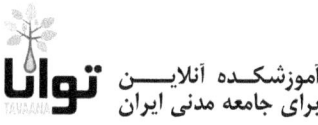

آموزشکده آنلاین برای جامعه مدنی ایران
توانا
TAVAANA
http://www.tavaana.org

پروژهٔ

e-collaborative
for civic education
http://www.eciviced.org

مُرده‌ای که مُرده بود یک نفس عمیق کشید یا ۳۸ روز انفرادی اوین

نویسنده: فاطمه اختصاری

ناشر: E-Collaborative for Civic Education

© E-Collaborative for Civic Education 2017

e-collaborative
*for civic education*

E-Collaborative for Civic Education (ECCE) یک سازمان غیرانتفاعی در ایالات متحده آمریکا، تحت 501c3 است که از فن‌آوری اطلاعات و ارتباطات برای آموزش و ارتقای سطح شهروندی و زندگی سیاسی دموکراتیک استفاده می کند.

ما به عنوان بنیانگذاران و مدیران این سازمان، اشتیاق عمیق مشترکی داریم که شکل‌دهنده ایده‌های جوامع باز است. همچنین برای ما، شهروند، دانش شهروندی، مسئولیت و وظیفه شهروندی یک فرد در محافظت از یک جامعهٔ سیاسی دموکراتیک پایه و اساس کار است؛ همان‌طور که حقوق عام بشر که هر شهروندی باید از آنها برخوردار باشد، اساسی و بنیادی هستند. ECCE دموکراسی را تنها نظام سیاسی قادر به تامین طیف کاملی از آزادی‌های شهروندی و سیاسی برای تک تک شهروندان و امنیت برابری و عدالت می‌داند. ما دموکراسی را مجموعه‌ای از ارزش‌ها، نهادها و فرآیندها می‌دانیم که مبشر صلح، توسعه، تحمل و مدارا، تکثرگرایی و جوامعی شایسته‌سالار که به کرامت انسانی و دستاوردهای انسانی ارج می گذارند، است.

ما پروژهٔ اصلی ECCE یعنی «آموزشکده توانا: آموزشکده مجازی برای جامعهٔ مدنی ایران» را در سال ۲۰۱۰ تأسیس کردیم. آموزشکده توانا در ارائه منابع و آموزش در دنیای مجازی در ایران، یک نهاد پیشرو است. توانا با ارائه دوره‌های آموزشی زنده در حین حفظ امنیت و با ناشناس ماندن دانشجویان، به یک جامعهٔ آموزشی قابل اعتماد برای دانشجویان در سراسر کشور تبدیل شده است. این دروس در موضوعاتی متنوع مانند نهادهای دموکراتیک، امنیت دیجیتال، حقوق زنان، وبلاگ‌نویسی، جدایی دین و دولت و توانایی‌های رهبری ارائه می‌شوند. آموزشکده توانا آموزش زندهٔ دروس و سمینارهای مجازی را با برنامه‌هایی مثل مطالعات موردی در جنبش‌های اجتماعی و گذارهای دموکراتیک، مصاحبه با فعالان و روشنفکران، دستورالعمل‌های خودآموزی، کتابخانهٔ مطالب توصیفی، ابزارهای کمکی و راهنمایی برای آموزشگران ایرانی و حمایت مداوم و ارائه مشاورهٔ آموزشی برای دانشجویان تکمیل کرده است.

تلاش ما برای توسعهٔ توانایی‌های آموزشکده توانا متوجه گردآوردن بهترین متفکران ایرانی و صداهای محذوف است. به همین ترتیب، به دنبال انتشار و ارتقای آثار مکتوب روشنفکران ایرانی هستیم که ایده‌های آنان توسط جمهوری اسلامی ممنوع شده است.

یکی از نقاط تمرکز تلاش توانا، ترجمه متون کلاسیک دموکراسی و مقالات معاصر در این باره و نیز ترجمه آثار مرتبط با جامعه مدنی، حقوق بشر، حاکمیت قانون، روزنامه‌نگاری، کنشگری و فن‌آوری اطلاعات و ارتباطات است. امید ما این است که این متون بتواند سهمی در غنای فردی هموطنان ایرانی و برساختن نهادهای دموکراتیک و جامعه‌ای باز در ایران داشته باشد.

سپاسگزار بازتاب نظرات و پیشنهادهای شما

اکبر عطری — Akbar Atri

مریم معمارصادقی — M. Memarsadeghi

# مقدّمه‌ی نویسنده

این مجموعه، جمع‌آوری نوشته‌های وبلاگ من از اواخر سال ۱۳۹۱ تا اواسط سال ۱۳۹۳ است. بخش‌هایی از این نوشته‌ها در یازده قسمتِ پشت سر هم، تحت عنوان «کمدی غیرالهی» به‌روز شد. وبلاگی که جز چند تن از دوستان نزدیکم کسی از وجود آن اطلاعی نداشت و بیشتر شبیه حرف‌زدن در آینه بود. حالا که از آن روزها دور شده‌ام، تصمیم دارم این نوشته‌ها را که حاصل درهم‌آمیختن احساسات و خاطره‌ها و... است با شما درمیان بگذارم.

من در روز ۱۷ آذر سال ۱۳۹۲ توسط نیروهای امنیتی سپاه در خانه‌ام واقع در کرج دستگیر و بدون اطلاع هیچ کسی به مکان نامعلومی منتقل شدم که بعدا فهمیدم بند دو الف سپاه در زندان اوین بوده است. سی و هشت روز بعد در تاریخ ۲۴ دی ماه آزاد شدم. هم‌زمان «سیدمهدی موسوی» نیز همراه با من دستگیر و پس از سی و هشت روز از زندان اوین آزاد شد. در همان زمستان چند جلسه به دادسرای قدوسی (اوین) احضار شدیم و ادامه دادگاه‌های ما از اردیبهشت سال ۹۳ تا شهریور سال۹۴ در دادگاه انقلاب تهران به قضاوت قاضی «محمد مقیسه‌ای» ادامه داشت و نهایتا در تاریخ ۱۹ مهر سال ۱۳۹۴ من از طرف دادگاه انقلاب اسلامی به اتهام «توهین به مقدّسات»، «تبلیغ علیه نظام»، «انتشار عکس‌های غیرمجاز در اینترنت» و «روابط نامشروع مادون زنا»، به یازده سال و نیم سال زندان تعزیری و ۹۹ ضربه شلاق و

مقداری جریمه نقدی محکوم شدم! سیدمهدی موسوی نیز با عناوینی تقریبا مشابه به تحمل ۹ سال زندان تعزیری و ۹۹ ضربه شلاق و مقداری جریمه‌ی نقدی محکوم شد. در آذر سال۹۴ هر دو تصمیم گرفتیم به این حکم ناعادلانه تن ندهیم. به صورت غیرقانونی از مرزها رد شدیم و برای همیشه ایران را ترک کردیم.

اوایل که از انفرادی آزاد شده بودم (آزاد شدم) حالم خیلی بد بود. از نوشتن می‌ترسیدم و نمی‌توانستم روی هیچ چیزی تمرکز کنم. بالاخره تصمیم گرفتم با اسم مستعار، وبلاگ تازه‌ای بزنم و هر چه می‌توانم، فارغ از خوب یا بد بودن، در آن بنویسم. از وقتی تصمیم گرفتم درباره‌ی انفرادی و آن روزها بنویسم، حالم کمی بهتر شد. انگار کلمات تخلیه‌ام می‌کردند. تمام نوشته‌های این کتاب بر اساس اتفاقات واقعی است و شخصیت‌ها نیز حقیقی هستند. اگرچه گاهی از استعاره‌ها و دیگر صنایع ادبی استفاده شده. آن روزها هنوز ترسِ آن را داشتم که بازجوها، کلمات و نوشته‌های مرا پیدا کنند و دوباره برم گردانندَ آن تو. سعی می‌کردم همه چیز را در لفافه‌ای از ادبیات بپیچانم و بپیچم.

حالا که بیرون از ایرانم و قسمتی از اضطراب‌هایم را پشت مرز جا گذاشته‌ام احساس می‌کنم می‌توانم این تجربه را با افراد بیشتری مشترک شوم. در بازخوانی نوشته‌های وبلاگ، سعی کردم ادبیات آن روزها را تغییر ندهم. فکر می‌کنم هر کلمه‌ای که آن زمان استفاده کرده‌ام حس خاصی را منتقل می‌کند که احتمالا ترس و استرس، جزئی از آن بوده و نمی‌خواهم با تغییر کلمات، تغییری در حس آن روزهایم ایجاد کنم. هرچند که مجبور شدم برای درک مخاطب از فضا یا اشخاص، گاهی توضیحاتی اضافه کنم.

این نوشته‌ها اگر داستان هم باشند باید بگویم هنوز به پایانش نرسیده‌ایم. حتی شاید تکه‌های مهم و هیجان‌انگیزی از آن را که مربوط به فرار و کوچ اجباری‌ام هستند بعدا در مجموعه‌ای جداگانه بنویسم و منتشر کنم. می‌خواهم بگویم از پایان‌بندی این مجموعه دلگیر نباشید.

و در انتها از «آموزشکده توانا» سپاسگزارم که شرایطی را فراهم کرد تا این مجموعه در اختیار شما قرار بگیرد. امیدوارم روزی فرا برسد که دیگر نه زندانی باقی بماند و نه خاطراتش...

**فاطمه اختصاری**

# از میان آتش؛

مقدمه نوشتن برای فاجعه‌ای که لحظه به لحظه‌اش را از نزدیک تجربه کرده‌ای سخت است. تا می‌خواهی به لحن و تکنیک و تغییر راوی و... دقت کنی پرت می‌شوی توی آن ماجراها؛ و بعد حالت بد می‌شود و دچار تشنج می‌شوی و می‌افتی روی تخت...

فاطمه اختصاری با فاجعه کنار آمده است. در لایه‌های متوالی نمادینه‌شدن، این ماجرا شکل اصلی خودش را از دست داده و در مرحله‌ی بازنویسی به اثری هنری تبدیل شده که فراتر از روایت زندانی‌شدن یک هنرمند، لایه‌هایی روان‌شناختی و فلسفی پیدا کرده است. برای همین هم هست که دوست داشتم این چند سطر را در ابتدای آن بنویسم و به مخاطبی که این تجربه‌ها را نداشته، بگویم با چیزی فراتر از خاطره‌نویسی و همذات‌پنداری و اشک و ناله طرف است. فاطمه اختصاری تو را می‌برد وسط آتش... و من مطمئنم موقع بیرون آمدن از این سطرها بخشی از خودتان را درونش جا گذاشته‌اید. بخشی که آمیزه‌ای از خشم و نفرت و عشق است.

من سال‌هاست خاطره نمی‌نویسم. حتی در دوران یازده ساله‌ی وبلاگ نویسی‌ام هم، وبلاگم را مثل سایتی هنری، اجتماعی اداره می‌کردم. من از خاطره‌ها می‌ترسم. از آن‌ها فرار می‌کنم و سعی می‌کنم فراموششان کنم. تمام زندگی من در آینده رخ می‌دهد. اتفاقات نیامده را هزاران بار مرور می‌کنم و می‌ترسم و رنج می‌کشم و لذت می‌برم و... قبل فرارمان صدهابار هر ایست بازرسی را در ذهنم تجربه کردم.

هر شلیک تیر به سمتمان... ؛ و هر بار حالم بد شد. اما گذشته را قایم می‌کنم. در ژرف‌ترین جاهای ضمیرناخودآگاهم. که حتی خودم هم اگر خواستم پیدایش نکنم. اما «فاطمه» شجاعت روبرو شدن با حقیقت و از آن ترسناک‌تر، نوشتنش را دارد. حتی اگر به قیمت نابودی بخشی از روحش باشد.

این متن‌ها همه‌ی ماجرا نیست. تلخ‌ترین لحظه‌ها و شکنجه‌ها و تحقیرها و ناامیدی‌ها در سپیدی‌های متن جریان دارد. «کورت ونه‌گات» در «سلاخ خانه‌ی شماره‌ی پنج» می‌نویسد که وقتی فاجعه رخ می‌دهد کسی باقی نمی‌ماند که بخواهد داستان را تعریف کند. فقط شاید گنجشکی کوچک از بالای خرابه‌ها رد شود و با زبانی که هیچ‌کس نمی‌فهمد بگوید: جیک... جیک... جیک... فاطمه‌ی اختصاری همان گنجشک است که به روایت فاجعه برآمده است. اما چه کسی پشت این کلمات را خواهد دید؟ هیچ کس زنده از دل آتش بیرون نمی‌آید. ما مرده‌های متحرکی هستیم که فقط سعی می‌کنیم ادای زندگی را دربیاوریم.

داستان این سال‌های ما اگر بخواهد با صداقت برای مخاطب بیان شود یک فیلم سینمایی مهیج است. همه‌اش تلاش و شکست و هیجان و حادثه... و بعد کندشدن ریتم برای سی و هشت روز جهنمی... و بعد دوباره حادثه و حادثه. اتفاق‌هایی که آنقدر شبیه فیلم‌های هندی و هالیوودی هستند که خودم نیز در مرورشان شوکه میشوم. و بعد فیلم می‌رسد به اینجا که سکون است و رکود و پایانِ باز... به تبعیدی که از آن گریزی نیست و شمردن لحظه‌ها برای فرا رسیدن مرگ.

اما فاطمه اختصاری همه چیز را می‌برد در دل کلمات؛ و کلمات زمان را می‌شکنند. مکان را می‌شکنند؛ و جریان پیدا می‌کنند در جایی ماورای اتفاقات؛ در عمیق‌ترین بخش‌های روحمان؛ جایی که چنگک دراز بازجوها و شکنجه گرها به آن نمی‌رسید. این کتاب زخم را توصیف نمی‌کند؛ می‌رود کنار گلبول‌های قرمزی قدم می‌زند که حتی نمی‌دانند لحظاتی بعد برای همیشه خواهند مرد.

این کتاب با شعر تمام می‌شود؛ و مطمئن باشید که این موضوع اتفاقی نیست. آخر قصه ما شعر است. چیزی که ما مرده‌ها را در این برزخ لعنتی هنوز به جلورفتن وادار می‌کند؛ که به قول «شیمبورسکا»: امّا من نمی‌دانم و نمی‌دانم ومی‌چسبم به همین... مثل حفاظ پله‌ها... .

**سیدمهدی موسوی**

❖ 11

# یک

انگار به کودکی برگشته بودم. سر وقتش پستان را می‌کنند توی دهانت و باید مک بزنی. مجبوری. همین یک انتخاب را داری. نهایتا می‌توانی سرت را برگردانی و وَنگ بزنی یعنی یک چیزیت هست که شیر نمی‌خواهی. آن وقت پستان را از دهانت می‌کشند بیرون. باید می‌گفتم «مامان جیش دارم». همان کلمه‌ی «جیش» را هم که می گفتم، مامان با سرعتی عجیب به سمت دستشویی هدایتم می‌کرد. کاغذِ تا شده را از لای دریچه میله میله‌ی پایینِ درِ سلول می‌گذارم بیرون تا بیایند ببرندم دستشویی. «مامان! جیش!». و زندانبان‌ها به فلانشان هم نیست.

به دیوار سنگی تکیه داده‌ام و ونگ می‌زنم و خوابم نمی‌برد. «حاج خانم» می‌آید سراغم و پستان چروکیده و آویزانش را می‌چپاند توی دهانم. می‌گوید زندانی سلول بغلی از صدای گریه‌ی من خوابش نمی‌برد. زندانی سلول بغلی فکر می‌کند اتفاقی افتاده که من اینجوری ناله می‌کنم. فکر می‌کند به من تجاوز شده و احتمالا فردا به او تجاوز می‌کنند. کلمه‌ی «تجاوز» با اینکه تاثیر خاصی بر شنونده می‌گذارد و او را دچار احساس انزجار و تنفر می‌کند اما نمی‌تواند بار معنایی کاملی را از خود به جا بگذارد. برای مردم اینجوری جا افتاده که اگر به طور کامل به زنی تجاوز نشده باشد، انگار که به او تجاوز نشده است. زندانی سلول بغلی تازه‌وارد است، نه مثل تو

که مدتی‌ست اینجایی.

باید دراز بکشی کف سلول و سرت را بچسبانی به دریچه میله میله‌ی پایین درِ فلزی، تا بتوانی حرکت تازه‌واردها را از راهروی تنگ بین سلول‌ها ببینی. جوراب‌هایش خاکستری است و شلوارش به رنگ مانتوی من، صورتی. محدوده شناخت همسایه‌هایت همین قدر است. «خانم بداخلاقه» در را باز می‌کند. خودت را می‌کشی عقب. «بار آخرت باشه سرت رو چسبوندی به در، وگرنه گزارش رد می‌کنم!». اینجا دوربین دارد. مطمئنم اینجا دوربین دارد. آن قُمبلی وسط سقف حتما یک چیزی هست، ولی شبیه دوربین‌های توی راهرو، که یواشکی از بالای چشم‌بند دیده‌ای نیست. شبیه دوربین توی حیاط هواخوری هم نیست. اما حتما یک چیزی هست. قیافه‌اش مثل آن دستگاهی است که باید به دود حساسیت نشان بدهد و آب بپاشد. اما مگر توی سلول انفرادی می‌شود دود به پا کرد؟! مگر اینکه خودت ذره ذره بسوزی و آتش بگیری. مگر موهایت دانه دانه سفید نشده‌اند؟! اینجا که آینه‌ای نیست تا ببینی. نه اینجا نه توی دستشویی‌های آن طرف راهرو. شب یلدا می‌نشینم به چهل‌گیس بافتن موهایم. چهار پنج تا که می‌بافم خسته می‌شوم. دست‌هایم رمق ندارد. «خانم مهربونه» که ناهارم را می‌آورد می‌گوید بازجویت گفته اگر باز هم نخوری بازجویی‌ات نمی‌کند. ونگ می‌زنم و مشت می‌کوبم. مامانم را می‌خواهم. با آن یقه باز و چاک پستان‌ها و بوی شیری که می‌زند توی دماغم. اگر برود چی؟ اگر ترکم کند چی؟ اگر از دستم ناراحت بشود و قهر کند یا سرم داد بزند چی؟ اگر با دسته ورق‌هایش بکوبد توی سرم چی؟ نه نه! به خانم مهربونه می‌گویم چقدر سستم! چقدر بی‌حالم! می‌دانم کاری از دستش برنمی‌آید. فقط می‌گویم تا چیزی گفته باشم. تا چند دقیقه‌ای بیشتر کنار در بایستد و شاید چیزی بگوید که گفتگویی کرده باشیم.

حالم بد شده و قلبم دارد از جایش کنده می‌شود. حتما از آن قمبلی روی سقف چک کرده‌اند که دارم ادا در می‌آورم یا حالم واقعا بد است. بالاخره می‌آیند. حاج خانم می‌گوید دستت را بگذار روی قلبت و یک حمد و سوره بخوان، فوری تپش قلبت خوب می‌شود. شما جوان‌ها چرا اینقدر خودتان را قرصی می‌کنید؟ دستم را می‌گذارم روی قلبم و می‌خوانم. دلم می‌خواهد حالم بدتر از این بشود، یا بتوانم حالم را بدتر از این نشان بدهم. بال چادر حاج خانم را می‌گیرم و می‌گویم سرم گیج می‌رود. اشکالی ندارد چادرتان را بگیرم؟ مامان دستم را گرفته و داریم از خیابان رد می‌شویم. هروقت ماشین می‌آید دستم را می‌پیچاند یعنی وایستا! دردم می‌گیرد و هیچ دلم نمی‌خواهد دستم را بهش بدهم. می‌گویم مامان برایم از آن شکلات‌هایی

که توی مجله‌ی سروش کودکان تبلیغش را دیدیم می‌خری؟ دارد می‌بَردم دکتر و زمان خوبی است برای ناز کردن و لوس کردن و درخواست‌هایی که همیشه رویم نمی‌شود به زبان بیاورم. حاج خانم به آقای دکتر می‌گوید همه‌اش از استرس است. اینها همه‌شان اینجوری می‌شوند.

حاج خانم پستانش را از دهانم می‌کشد بیرون و می‌گوید هیسسس! گریه نکن! می‌خواهم بیشتر دَم در بایستد و از تازه‌وارد بغلی بیشتر حرف بزند. یک بار مادربزرگ گفت مامانت تو را هشت ماه شیر داد، آن آخرها دیگر حوصله شیر دادن نداشت و تلخی می‌کرد. مامان عصبانی شد و گفت که مادربزرگ دروغ می‌گوید. گفت خودت پستان را پس زده‌ای. چون سوراخ شیشه‌ی شیر گشادتر بوده و احتیاجی به مک زدن زیاد نداشته. می‌خواست بدانم او وظیفه‌ی مادری‌اش را تمام و کمال انجام داده. این من بوده‌ام که بغل گرم و نرمش را ول کرده‌ام. شیرش را پس زده‌ام و چسبیده‌ام به پستان گاو. همان گاوی که مادربزرگ می‌دوشید، شیرش را می‌جوشاند و توی شیشه شیری می‌ریخت که سوراخ گشادی داشت.

از آن یکی« لاغره» خوشم می‌آید. از همه‌ی زندانبان‌های اینجا آدم‌تر به نظر می‌رسد. بدی‌اش این است که بعضی وقت‌ها حوصله ندارد در را باز کند و به جایش آن دریچه کوچک پایین در را باز می‌کند و غذا را هل می‌دهد توی سلول. با خودش غر می‌زند که این در سفت است و بد باز می‌شود. دلم می‌خواهد بهش بگویم که آن دریچه پایین هم سخت باز می‌شود، غرچ صدا می‌کند. تازه باید خم بشوی و زور بزنی. و فکر می‌کنم دیدن یک متر راهروی جلوی در سلول چه تاثیری دارد که به این چیزها فکر می‌کنم و برایم اهمیت پیدا کرده است.

بنشین روی صندلی، بدون اینکه کمرت را تا کنی، یک دست را بگذار زیر سر بچه، با دست دیگر آن هاله قهوه‌ای دور پستان را بکن توی دهانش. مطمئن شو مک می‌زند.

«دهانت را باز کن ببینم!» دریچه بالایی در را باز کرده و نگاهم می‌کند. چیزی که من می‌بینم یک دماغ عمل کرده است. دهانم را باز می‌کنم. دو تا قرص صورتی و سفید روی زبانم است و بطری آب توی دستم و هنوز قورتشان نداده‌ام. تلخی‌اش درمی‌آید. «خب تقصیر خودت است یکجوری می‌خوری آدم نمی‌فهمد خورده‌ای یا توی دستت نگه داشته‌ای» یا چی. جیب مانتوی صورتی پر شده از قرص‌های نخورده. قرص‌هایی که نگه داشته‌ای برای روز مبادا. شاید یک شب تصمیم گرفتی خودت را خلاص کنی. البتّه اگر با چند تا قرص استامینوفن و آلپرازولام و پروپرانولول بشود کاری کرد. «آقای دکتر جوان‌های امروز همه‌شان قرصی‌اند!»

❖ ١۵

# دو

مدت‌هاست کسی در مقابلت قرار نگرفته. می‌آیند می‌برندت. تو پشت سرشان هستی. اما آنها مقابلت نیستند. تو چشم‌بند داری و باید فقط به اندازه‌ای که جلوی پایت را ببینی، ببینی. روبرویت تاریکی است. می‌نشانندت جلوی دیوار و خودشان پشت سرت می‌نشینند. در مقابل اندیشه‌ات قرار گرفته‌اند اما تمام سعیشان را می‌کنند تا در مقابل جسمت قرار نگیرند. انگار این دو جدای از هم‌اند. اینجوری می‌خواهند بگویند ما دشمنت نیستیم. ما در مقابلت قرار نگرفته‌ایم. ما پشت تو هستیم. روبرویت دیوار است. این «تو» هستی که باید به اندازه‌ی چند قدم بیایی عقب و در کنار ما بایستی. و این صدای «بیا عقب، بیا عقب» صدایی است که از وقتی درِ سلول را باز می‌کنند و می‌اندازندت آن تو، توی گوشَت جیغ می‌کشد. انگار صدا صَدای دیوارهای سنگی سلول و دیوارهای آجری حیاط اوین است. باید بیایی عقب وگرنه با مخ می‌خوری توی دیوار. وگرنه مغزت پخش می‌شود روی دیوار و خون و خون و خون... .

آبمیوه را می‌گذارد روی میزِ پشت سرت. باید نیم‌چرخی بزنی و بدون اینکه نگاهت به پشت سر بیفتد برش داری. بازجویت چه آدم خوبی است! چه مسلمانی! از دین برایت حرف می‌زند. رفته سرچ کرده و آورده که اینجای نوشته‌ات از نظر فقهی

درست نیست. تو نوشته‌ای خودارضایی فلان و بهمان ولی دین می‌گوید خودارضایی حرام است، حرام! می‌پذیری. ته جوابت می‌نویسی اشتباه کرده‌ای و پشیمانی. دلت نمی‌خواهد قهر کند و سرت داد بکشد. اینها علایم سندروم استکهلم[1] نیست؟ همین پشیمانم تهِ هر جواب راضی‌اش می‌کند. نکند قهر کند و برود و نیاید سراغم. یک امضا هَم می‌زنی آخر جمله‌ی پشیمانم و انگشتت را محکم فشار می‌دهی رویش.

روزهای اول اثر انگشتم کم رنگ بود. هیچ چی را قبول نمی‌کردم. می‌نوشتم نه! ورق را می‌گرفت و پاره می‌کرد و دوباره همان س‌وال را می‌نوشت می‌داد دستم. دوباره یک صفحه می‌نوشتم که همان «نه» بزرگ بود. ورق را می‌گرفت و پاره می‌کرد و دوباره همان سوال را می‌نوشت و... مجبورم می‌کردند دوباره انگشتم را روی استامپ فشار بدهم و رد انگشتم را پر رنگ کنم. وحشی بودم و لگد می‌انداختم. انگیزه داشتم و می‌خواستم مبارزه کنم. در هواخوری‌های صبح ورزش می‌کردم تا بدنم از تک و تا نیفتد. غذایم را کامل می‌خوردم ولی... یک شب که دیوانه شده بودم و مشت می‌کوبیدم به درِ سلول؛ حاج خانم آمد و گفت اینجا جای این غُدبازی‌ها نیست. اینجا باید به کارهای نکرده‌ات هم اعتراف کنی. یعنی چی که من گناهی ندارم؟! اگر قهر کند و برود تا یک ماه نیاید سراغت می‌خواهی چه کار کنی دختر؟ می‌خواهی عید همین جا باشی؟ نه نه! ونگ می‌زدم و پستانکم را می‌انداختم آن ور و به هوا مشت می‌کوبیدم. قیافه‌ام مثل دستمال کاغذی مچاله شده بود. چشم‌هایم دو تا نقطه ریز ته خط. مامانم را می‌خواستم. گاوِ مادربزرگ را می‌خواستم.

یک روز یک وانت آبی آمد دمِ در. مادربزرگ یک پارچه پیچید دور سر گاو، مثل چشم‌بند. باید فقط به اندازه‌ای که جلوی پایش را ببیند، ببیند. طناب بسته‌اند به گردنش و مادربزرگ و پدربزرگ همراهی‌اش می‌کنند تا دم در. سوار وانتش می‌کنند. مادربزرگ می‌رود توی آشپزخانه و یواشکی، جوری که هیچ کس نبیند گریه می‌کند. فعل‌هایم که مضارع می‌شوند یعنی دارم در همان لحظه زندگی می‌کنم و همه چیز دوباره اتفاق می‌افتد.

«من با تمام دقت به صداهای دور و برم گوش می‌دادم و شنوایی‌ام تقریبا به قدرت وقتی شده بود که در سلول انفرادی بودم. چه می‌خواستم بشنوم؟ از همه مهم‌تر، چیزی کاملا واقعی: صدای خرد شدن برف زیر گام‌های پیک خوش‌خبر،

---

۱. سندرم استکهلم پدیده‌ای‌ست روانی که در آن گروگان حس یکدلی و همدردی و احساس مثبت نسبت به گروگان‌گیر پیدا کرده، و در مواقعی این حس وفاداری تا حدی‌ست که از کسی که جان، مال و آزادی‌اش را تهدید می‌کند، دفاع نموده و به صورت اختیاری و با علاقه، خود را تسلیمش می‌کند. علت این عارضه‌ی روانی، عموماً یک نوع مکانیزم دفاعی دانسته می‌شود.

پیغام رسانی از سولاگ که به ناگهان برایم به بانی خیر بدل شده بود. علاوه بر آن، گوش به زنگ چیزی زمینی بودن، مترصد صدای دیگری هم بودم. پرنده‌ی تایگا همین حالا خوانده بود. یک بار، دو بار، سه بار... اگر سه بار دیگر بخواند، من از اینجا خلاص می‌شوم... کنده‌ی هیزمی در آتش رو به خاموشی هنوز قرمز بود: اگر قبل از آنکه اره کردن این درخت را تمام کنم خاموش بشود، کارم دیگر تمام است... احتمالا چیزهایی شبیه اینها منشا علامات و تفال زدن‌ها در خلوت یخ‌زده در دل جنگل‌های اسرارآمیز بوده است.»[۲]

این کتاب را داده دستم که به زندگی امیدوار بشوم. می‌گوید ببین از چه وضعیت اسفناکی جان سالم به در برده است این آدم. وضعیت ما که یک دهم او هم نبوده. می‌دانم. اما چقدر با کلماتش حالم بد می‌شود. چقدر گریه‌ام می‌گیرد. می‌خواهم بگویم آخر آدم حسابی! من هنوز و هر لحظه دارم آن تو زندگی می‌کنم، یکی باید من را بکشد بیرون بیاورد توی زندگی قبلی‌ام. من هنوز توی هواخوری‌های بعدازظهرم که طوطی‌های سبز و نارنجی بالای سرم پرواز می‌کردند و جیغ می‌کشیدند. یک بار، دو بار، سه بار... اگر دو تا جیغ دیگر بکشند، می‌گذارند امروز دیگر به مامانم زنگ بزنم و بگویم زنده‌ام! اگر چراغ‌های طبقه آخر هتل اوین، همگی روشن باشند، امروز شانس می‌آورم و اذیتم نمی‌کنند. اگر... .

---

۲- گینزبورگ، یوگینا، در دل گردباد، ترجمه‌ی فرزانه طاهری. تهران: نیلوفر، ۱۳۸۵

دو

## سه

«تا پیش از کشف عدد صفر، بشر فکر می کرد همه چیز از یک شروع می‌شود. قرن‌ها طول کشید تا بفهمد که صفر هم ابتدای چیزی نیست. همیشه همه چیز خیلی پیش‌تر از آن شروع می‌شود که نقطه آغاز آن است.»[۳] با همین اطمینان خاطر می‌توانم بگویم هیچ وقت نخواهم توانست از ابتدایش تعریف کنم که چی شد و چگونه گذشت. زمانِ درهم ریخته را به زمانِ خطی ترجیح می‌دهم. زمانی این جمله‌ی کتاب شازده کوچولو را اول همه‌ی کتاب‌هایی که هدیه می‌دادم یادداشت می کردم: «اگر در جایی که نمی‌دانیم کجاست، گوسفندی که نمی‌شناسیم، گلی را خورده یا نخورده باشد، دیگر هیچ چیز جهان چنان که هست نخواهد بود.» باید چشم‌هایم را ببندم و انگشت اشاره‌ام را دُور بدهم و دُور بدهم توی مغزم و خیلی شانسی بگذارمش روی یک کلمه. از همان کلمه همه چیز شروع می‌شود. مگر خدا همین کار را نکرده بود. در آغاز کلمه بود. و کلمه خدا بود. انگشتم را می‌چرخانم و می‌چرخانم و می‌چرخانم و می گذارمش روی... زنجیر. همه چیز از زنجیر شروع می‌شود. حلقه توی حلقه. به هم گره خورده و بازنشدنی. مثل زندگی. زن جیر مثل زن دگی. صدای جیر جیر تخت.

۳- قاسمی، رضا، وردی که برّه‌ها می‌خوانند، تهران: نیلوفر، ۱۳۸۳

زن پشت دوربین است. زاویه دید، چشم‌های زن است. خودم بودم که روی تخت دراز کشیده بودم و دوربین را گرفته بودم روی سینه‌ام و به دستیارم می‌گفتم دستت را بگذار کنار شانه‌ی من و تشک را منظم و بلافاصله تکان بده. انگار یک نفر دارد روی تخت بالا و پایین می‌رود. جیر جیر. تصویر که سیاه می‌شود یعنی زن چشم‌هایش را می‌بندد. دوباره چشم باز می‌کند و فقط سقف و لامپی که از سیم آویزان است را می‌بیند. جیر جیر.

می‌گوید اول جواب من را بده بعد روی ورق بنویس، تا وقتی هم که نگفته‌ام تهش را امضا نکن.

این یعنی نوشته‌هایم راضی‌اش نمی‌کند و باید جمله به جمله حرف خودش را برایم دیکته کند و من بنویسم و امضا بزنم. می‌گویم «حاج آقا» این فیلم من می‌خواهد بگوید زندگی از روح انسانی‌اش تهی شده است. برای همین هیچ بازیگری ندارد. برای همین فقط سقف و دیوار و وسایل بی جان اتاق نشان داده می‌شود. نه نه نه نه. چهار تا. همیشه چهار تا «نه» پشت سر هم و بدون توقف از دهانش می‌اندازد بیرون. یعنی این حرف‌ها قاضی‌پسند نیست. چیزی بگو که جرم‌ناک باشد!! بگو می‌خواستم هنجارها را بشکنم. بگو تفکرم سکس‌محور است. بگو می‌خواستم فیلم پورن درست کنم. بگو آدم بی‌اخلاقی هستم. این چرت و پرت‌ها که هی می‌نویسی فایده ندارد. نه نه نه نه. و برگه را جلوی چشمم پاره می‌کند.

زنجیر. نشسته‌ام روی صندلی‌های آهنی راهروی تنگی که تهش شعبه سه بازپرسی است. مدت‌ها بود با این تکرار توی راهرو ننشسته بودم. راهروها سالن‌های انتظارند. باریک و بی هیچ جذابیتی. اگر صندلی داشته باشند می‌نشینی و گوش‌هایت به هر صدای پایی تیز می‌شود. یکی که از در وارد می‌شود. مثل آقای «زیباکلام». یکی که از اتاق این طرفی می‌رود اتاق آن طرفی، مثل آقای «نوری‌زاد» که یک کوله‌پشتی پر از چوب و چکش روی دوشش بود. یکی که چند متر آن طرف‌تر نشسته و توی فکر است، مثل من.

زنجیر. سه تا زندانی را مثل حلقه‌های زنجیر با دستبند به هم بسته‌اند. دست این یکی را از زیر بغل آن یکی درآورده اند و قفل کرده‌اند به هم. یکی که دماغش را می‌خاراند، آن دو تای بغلی هم تکان می‌خورند و کج می‌شوند. یکی هی دماغش را می‌خاراند. به اندازه‌ی بال زدن پروانه‌ای هم که باشد، همه حلقه‌های بعدی تکان می‌خورند. پای هر کدام به پای خودش زنجیر شده . یک فاصله‌ی نیم متری به اندازه‌ی یک قدم. وسطی بچه‌سال‌تر است و با زنجیر پاهایش هی بازی می‌کند. لم داده . روی صندلی آهنی، پاهایش را بالا می‌آورد و همزمان می‌کوبد کف سالن.

از صدای زنجیر کیف می کند و مدام لبخند می‌زند. لبخندش مثل بال زدن پروانه است. دعوا کرده‌اند و چاقوکشی و بقیه زندگی‌شان هم با همین زنجیره‌ی کلمات پر می‌شود. و جیر جیر، چه صدای غمگینی.

دفعه‌ی قبلی که توی همین راهرو نشسته بودم از اوین آورده بودندم و آن مانتو شلوار صورتی تنم بود و چشم‌بند و چادر سفید با گل‌های بنفش. مادربزرگ از همین پارچه یک ملافه داشت که می کشید روی رختخواب‌های جمع شده‌ی گوشه‌ی اتاق. نه تختی و نه جیر جیری. در سکوت همه چیز اتفاق می‌افتاد. در تاریکی. حاج آقا قسمتی از متن نمایشنامه‌ام را می‌خوانَد و می گوید خانم شما می‌دانی «ملاعبه» یعنی چی؟ شما می‌دانی قبل از انجام عمل جنسی، زن و شوهر باید... ساکتم. نه نه نه نه. داشتم دفعه قبلی را می گفتم. خانم مهربونه همراهم بود. گفت چشم‌بندت را بگذار بالای سرت. توی دادگاه نباید چشم‌بند داشته باشی. عوضش چادرم را کشید روی صورتم. دیگر هیچ چیز نمی‌دیدم. فقط نور سفید. کاش یک وانت آبی دم در منتظرم بود تا ببردم از اینجا بیرون. شاید به خاطر اینکه دفعه پیش همه چیز را از پَشت چادر دیده بودم، فکر می کردم فضا باید بزرگتر باشد. انگار توی آن راهروی تنگِ دفعه بعدی نبودم. شاید زنجیرها هستند که راهرو را باریک‌تر نشان می‌دهند. داشتم دفعه قبلی را می گفتم. خدارا شکر می کردم خانم مهربونه همراهم آمده. برف آمده بود و همه جا را لیز کرده بود. دو سه باری با همدیگر لیز خوردیم. دستم را گرفته بود. دستم را گرفته بود. این را باید دو بار بنویسم چون خیلی مهم است. بعد از اینهمه روز، دستم می‌خورد به دست کسی. یک نفر دستم را گرفته بود. آن‌هم خانم مهربونه. حتی اگر دستم را بپیچاند که یعنی بایست! ناراحت نمی‌شوم. حتی اگر دستم درد بگیرد. «مامان! جیش!» از راهروهای پیچ درپیچ گذشتیم و سوار ماشین شدیم. گفت سرت را بخوابان پایین. پیاده که شدیم دوباره راهروهای پیچ در پیچ بیشتری سر راهمان بود. چرا این ساختمان‌ها را اینقدر توی هم توی هم ساخته‌اند؟! مثل حلقه‌های زنجیر توی هم فرو رفته. انگار یک نفر زنجیر را برداشته و بعد انداخته روی زمین و از روی شکل درهمی که به وجود آمده نقشه زندان اوین را طراحی کرده است. داشتم دفعه قبلی را می گفتم. باید هفتاد تا «انّا انزلنا» می‌خواندم تا توطئه‌ی حاج آقا نقش بر آب می‌شد! حاج آقا و «همکار دیوثش» از روز اول تهدیدم می کردند که از اینجا مستقیم منتقلت می کنیم زندان، بند عمومی. و از زنان بند عمومی زندان، هیولاهای تیزدندانی ساخته بودند که با دهان باز و دست‌های چنگالی‌شکل منتظر من بودند تا بگیرند و بمالند و خونم را بمکند. «خانم شما می‌دانی ملاعبه یعنی چی؟» هفتاد تا را خواندم. هنوز نوبتمان نشده بود. از خانم مهربونه پرسیدم می‌خواهند ببرندم زندان؟ اگر خانم

بداخلاقه بود حتما می‌گفت «نمی‌دانم. هیس! حرف‌نزن.» و آن وقت مجبور می‌شدم هفتاد تای دیگر بخوانم. خانم مهربونه گفت «نمی‌دانم. هیس!» داشتم هفتاد تای بعدی را شروع می‌کردم که دل مهربانش طاقت نیاورد و گفت فکر نکنم، زنجموره نکن، ایشالا دیگه تمومه. دیگه تمومه. این را باید دو بار بنویسم.

دکتر همان دکتری بود که قرص‌های پروپرانولول و آلپرازولام را داده بود. گفت اینجا بنویس در کمال صحت و سلامتی می‌باشم. نوشتم. بعد پرسیدم دکتر گوش چپم خیلی درد می‌کند، چرکی نبود؟ دکتر داشت دست‌هایش را می‌شست، گفت بله چرکی بود. حالا از زندان که ترخیص شدی برو پیگیری‌اش کن. خوشحال بودم. چشم‌بندم را از روی پیشانی‌ام کشیدم پایین و از جایم بلند شدم. قبلا هم در همان شعبه‌ی سه بازپرسی چنین جمله‌هایی را نوشته بودم. قاضی گفته بود خانم گریه نکن. چادر را از روی سرت بکش آن ور؛ و بعد گفته بود به این سوال‌ها جواب بده. سوالش هم اینجوری بود که مثلا تایید می‌کنی خط خودت بوده؟ و در کمال صحت و سلامت بازجویی‌ها را پشت سر گذاشته‌ای؟ حس کردم چه آدم مهربانی است که روبرویم نشسته پشت میزش و دارد رودررو سوال و جوابم می‌کند. چه آدم خوبی است که نگفت باید بروی زندان. می‌خواهد برایم قرار وثیقه صادر کند. آن برگه‌ای که امضا کردم مگر رویش ننوشته بود یک میلیارد ریال؟ یعنی می‌خواهد آزادم کند دیگر. گفتم بله خط خودم بوده ولی یک بار که قرص‌هایم را اشتباه داده بودند من کاملا گیج بودم و از بازجویی آن روز هیچ چی یادم نمی‌آید. یکهو چهره مهربانش تغییر کرد و گفت این حرف‌ها چیه که می‌زنی خانم؟ از آن حرف‌های متهمان سال ۸۸ می‌زنی ها! قرص به ما داده‌اند و فلان. یعنی چی؟!

خانم بداخلاقه قرص‌هایم را کف دستش گذاشته بود و گفت سریع بخور وقت ندارم. گفتم خانم اینها قرص‌های من نیستند ها! شکلشان اینجوری نبود. یکی سفید بود یکی صورتی. اینها هر دوتایش صورتی است. گفت بخور ببینم تو از کجا می‌دانی؟ می‌خواستم بگویم من درسش را خوانده‌ام، جدای از آن هم چند سال توی داروخانه کار کرده‌ام، نسخه پیچیده‌ام، مریض ویزیت کرده‌ام. می‌دانم! نگفتم و قرص‌ها را انداختم بالا. «دهانت را باز کن ببینم!» بعد هم خودش آمد که ببردم بازجویی. گیج گیج بودم. نمی‌توانستم مقنعه را پیدا کنم و جوراب بپوشم. گفت زود باش معطل نکن. مثل هر بار، وقت بازجویی اسهال شده بودم و باید می‌رفتم دستشویی. گفت سریع باش وقت ندارم، حالا آنجا می‌برمت. می‌خوردم به دیوارهای بین سلول‌ها. نرده پله‌ها را می‌گرفتم تا نیفتم. نمی‌خواستم حتی ازش بپرسم که می‌توانم بال چادرت را بگیرم یا نه. چیزی نگفتم. می‌خواستم بیفتم و همان جا همه چیز تمام شود. ذهنم از

منطق دور شده بود وگرنه خودم را از پله‌های بی‌حفاظ بین راهروها می‌انداختم تا خلاص شوم. آن روز به حاج آقا خوش گذشت. فقط یادم می‌آید که سوال‌ها را خیلی سریع و کوتاه جواب می‌دادم و برگه را فوری بهش پس می‌دادم. او دوباره فوری سوال بعدی را می‌نوشت و بهم می‌داد. همه چیز طبق خواسته‌اش بود. نه بحثی بود و نه دعوایی. بعد از سه چهار ساعت همیشگیِ بازجویی هم تلفن زد به زندانبان‌ها «بیایید دختره را ببرید.». خانم بداخلاقه آمد.

سوال بعدی قاضی بازپرسی این بود که رفتار بازجوها و نگهبان‌ها محترمانه بوده؟ و تا می‌خواستم دوباره لب به شکایت باز کنم، گفت اگر از رفتارشان راضی نیستی و بازجویی‌ها را قبول نداری اشکالی ندارد، بنویس قبول ندارم. بازجوهایت عوض می‌شوند و کل پروسه بازجویی از اول برایت شروع می‌شود. بدون لحظه‌ای فکر خودکار را برداشتم و نوشتم از روند بازجویی‌ها راضی‌ام. رفتار بازجوها با من خیلی عالی بوده. همیشه هوایم را داشته‌اند و حتی وقتی توان نوشتن نداشته‌ام به من آبمیوه می‌داده‌اند. بعد از نقطه را هم امضا کردم و انگشت استامپی‌ام را محکم فشار دادم روی امضایم.

«بدترین چیزی که می‌تونی به یه نفر بگی اینه که بگی باور نمی‌کنی اون دردی داشته باشه!»[۴]

۴ ـفیلم: Before the Revolution (قبل از انقلاب). کارگردان: برناردو برتولوچی، ۱۹۶۴

۲۵ ❖

سه

# چهار

کاری به منشأش ندارم. از ترس انسان در مقابل دنیای ناشناخته‌ی پیرامونش شروع شده. یا از توتم‌پرستی، فرقی نمی‌کند. آن روزها که دست آدم از هر کاری کوتاه بود، تنها چیزی که می‌شد به آن چنگ زد همین اعتقاد به متافیزیک و ماوراءالطبیعه بود. اگر خودت نمی‌توانی مشت بزنی توی صورتش می‌توانی از کسی که فکر می‌کنی این قدرت را دارد بخواهی. آدم می‌تواند خودش را غرق کند توی متافیزیک. من هم تخیل استعلایی‌ام به کار افتاده بود! کم کم به جایی می‌رسی که حتی می‌توانی صدای پای فرشته‌ها را هم بشنوی. می‌توانی فرشته را به صورت موجودی لطیف با پرهای سفید تجسم کنی که بوی خوبی می‌دهد و وقت‌های اذان صبح می‌آید سراغت. وقتی غلت بخوری و غلت بخوری توی اعتقاد به متافیزیک، دیگر همه‌ی پدیده‌های فیزیکی اطرافت هم دست به کار می‌شوند و اعتقادت را قوی‌تر می‌کنند.

یا اصلاً خوابم نمی‌بُرد یا یکهو وقت گرگ و میش صبح با بوی عطر فرشته بیدار می‌شدم. پَرش را که توی سلولم پیدا کردم مطمئن شدم هست! پر سفید لطیف را برداشتم و گذاشتم لای قرآن. به همه‌ی این خیالات احتیاج داشتم. و برایم مهم نبود عطر دم صبحی که دَماغ و دِماغم را نوازش می‌دهد، عطری است که خانم زندانبان به خودش زده و آن موقع صبح، وقت شیفت عوض کردنشان است. برایم مهم نبود

کاپشنی که برای هواخوری می‌دادند تا بپوشم، کاپشن مارک‌دار امریکایی بود و توی لایه‌هایش پُر از پَرهای سفید کوچک. پَر فرشته‌های امریکایی از گوشه‌ی پاره شده‌ی کاپشن زندانی‌ها می‌آمد بیرون. اینها مهم نبود و آن روزها نمی‌دیدمشان. من مطمئن بودم امام‌ها و پیامبرها و «سلمان فارسی» و «لقمان حکیم» و حتی پدرم که سال‌هاست مرده -و حتما روحی دارد که این اطراف هم سرک بکشد- و خلاصه همه آدم‌های خوب دنیا صدایم را می‌شنوند که بلند بلند گریه می‌کنم و می‌گویم ما باید آزاد بشویم. ما!

«آلبر کامو» هنگام دریافت جایزه نوبل در سال ۱۹۵۷ در سخنرانی‌اش می‌گوید: «مردی تقریبا جوان که دارایی‌اش فقط شک و تردیدهای اوست و کارش هنوز ادامه دارد، کسی که به زیستن در خلوت‌کده کار یا گوشه دنج دوستی خو گرفته است، چنین آدمی با شنیدن فرمانی که ناگهان او را یکه و تنها در کانون نورافکن قرار می‌دهد، مگر ممکن است به هراس نیفتد؟»۵

و من روی صندلی نشسته بودم و دوربین جلویم روشن بود و به هراس افتاده بودم. مقایسه‌ام حکم قیاس مع‌الفارق را دارد. نویسنده‌ای که توی سوئد جلوی دوربین‌ها ایستاده و در انتظار گرفتن بزرگترین جایزه ادبی است، کجا و نویسنده‌ای که توی زیرزمین پرتی کجای جهان نشسته و مجبور است توی صورت دوربین اعتراف کند کجا؟! امّا چقدر آن روزها به ۱۰ کلمه طلایی زندگی این نویسنده فکر می کردم. هر آدمی باید ده تا کلمه‌ی طلایی زندگی خودش را داشته باشد. آزادی، عشق، مادر، ادبیات،... . هنوز هم نمی‌توانم تا ده برسم. نمی‌دانم کامو به کجای زندگی‌اش رسیده بود که حتی دریا را جزء این ده کلمه قرار داده بود. (حالا که دور از ایران روی صندلی غریبه‌ای نشسته‌ام و این نوشته‌ها را ویرایش می‌کنم می‌توانم دو کلمه‌ی دیگر هم به آن اضافه کنم: وطن و زبان)

یک حیاط کوچک بود در طبقه بالای ساختمان. عین بالکنی که با ایرانیت دورش را پوشانده باشند. وسطش یک دستگاه بزرگ تهویه. کانال‌های قطور ایرواش. سه تا دریچه میله پوش کف زمین. دریچه‌هایی که نورگیرهای راهروی باریکی زیر پایمان بودند. به گمانم راهروی سلول انفرادی مردان. سه تا طاقچه مانند کنار دیوار. سه تا گلدان بزرگ که توی هر سه تا سبزه‌ها و علف‌های هرز روییده بود و یک روز که برف شدیدی بارید همه‌شان زیر برف و یخ پنهان شدند.

---

۵- میرزائی، علی (- گردآورنده)، خدمت به حقیقت، خدمت به آزادی: خطابه های برندگان جایزه نوبل ادبیات، ترجمه‌ی رضا رضایی، تهران: نگاره آفتاب، ۱۳۹۰

سرِ درخت‌های بلند سپیدار یا نمی‌دانم چی را هم می‌توانستی ببینی. ریشه‌اش توی زمین حیاط پایینی بود. توی حیاط هواخوری زندانی‌های مرد. بند زن‌ها خلوت‌تر است. زن ها باید سرشان گرم باشد به شوهر کردن و بچه آوردن و غذا پختن و نهایتا شغل‌هایی مثل معلمی. زن‌ها زنند! ظریفند! نرمند! مثل پَر فرشته‌های امریکایی. باید توی کاپشن‌های بادی و توی بالش‌های سفید قایمشان کرد. بند زن‌ها خلوت‌تر است. برخلاف قسمت مردها، هواخوری را باید تکی تکی بروند. و حیاط کوچک بند زنان تنها جایی است که می‌شود چشم‌بندت را برداری. آسمان را نگاه کنی. یک چوب از گوشه حیاط پیدا کنی و بکوبی روی برگ‌های پاییزی جمع شده کنار گلدان‌ها. چوبت را برداری و نیم ساعتت را روی طاقچه سوم بایستی و زل بزنی به زندگی بیرون. همان کمی که از اینجا دیده می‌شود. زل بزنی به ردیف طبقه‌های آخر هتل اوین، که کاش همه‌ی چراغ‌هایش روشن باشند. زل بزنی به خانه‌هایی که روی کوه ساخته می‌شوند. به پیست موتورسواری که جمعه‌ها صدای ویراژ رفتن موتورها توی گوشَت می‌پیچد. زل بزنی به آن سوراخ.

از روی طاقچه سوم نمی‌شود زل زد به سوراخ. نمی‌شود رفت کنار سوراخ و چشم را چسباند بهش و زل زد به حیاط مردها. نمی‌شود. دوربینی که روی دیوار پشت سرت نصب شده نمی‌گذارد. باید خیلی طبیعی چوبت را برداری و حیاط کوچک را از سر تا تهش، تا نزدیک سوراخ، آرام آرام با قدم‌های بلند طی کنی و فوری برگردی و دوباره از اول. شاید یک لحظه، فقط یک لحظه، در زاویه‌ای قرار بگیری که بشود از آن سوراخ کوچکِ بینِ ایرانیت و دیوار، صورت آشنای مردی را دید که با چشم‌بند دارد توی هواخوری مردها راه می‌رود. صورت آن مرد! آن مرد! این را باید حتی بیشتر از دو بار بنویسم؛ و آن سوراخ مثل حفره کوچکی باز شده بود در مغزم. سوراخی که چشم‌های من و گوش‌های آن مرد را به هم مرتبط می‌کرد. شب‌ها را به امید هواخوری صبح و هواخوری صبح را به امید هواخوری عصر می‌گذراندم، مگر یک بار دیگر فقط یک لحظه در زاویه جادویی قرار بگیرم و آن مرد را ببینم. همین که دیدمش بی‌خیال همه چیز بشوم و بروم کنار سوراخ بنشینم و برایش بلند بلند شعر بخوانم. «خونه‌ی مادربزرگه هزارتا قصه داره، خونه‌ی مادربزرگه شادی و غصه داره، کنار خونه‌ی ما، یه جنگل خونه داره، دشتاش پر از بوی گل، اینجا همش بهاره، دل وقتی مهربونه، شادی میاد می‌مونه، خوشبختی از رو دیوار، سر می‌کشه تو خونه.» و آخرهای شعر به گریه بیفتم و از سوراخ ببینم مرد به جای اینکه راه برود همان جا ایستاده، انگار خشکش زده. بگویم دوستت دارم. بگویم آخ؛ و گریه کنم و سوراخ را دوباره نگاه کنم و ببینم نیست، مجبور بوده به

حرکتش ادامه بدهد، نیست، رفته.

به کودکی‌ام برگشته بودم. هیچ شعری را یادم نمی‌آمد. انگار هیچ شعری بلد نبودم، جز همین یکی که مفهومش چه تضاد عمیقی با وضعیت ما داشت. آن سوراخ مثل راهی هوایی بود برای مرده‌ای که خفه شده. سوراخی که دو بار باز شد و فَوَران اکسیژن را فرستاد توی ریه‌هایم. فقط دو بار. و مُرده‌ای که مُرده بود، یک نفس عمیق کشید.

## پنج

این روزها اعداد فقط برای شمارش و اندازه‌گیری به کار نمی‌روند. آیا فرقی بین محتوای حروف و اعداد هست؟ ما تبدیل شده بودیم به اعداد. اسممان یک عدد بود. هر متهم یک عدد. لازم نبود شماره‌ی کاملت را حفظ کنی. همان دو رقم آخر کافی بود تا وقتی صدایت زدند از جا بجهی و ضربان قلبت برود بالا و دل‌پیچه بگیری. من یک عدد فرد دو رقمی بودم: ۴۳.

۴۳ یک عدد «طبیعی» است. ۴۳ پیش‌شماره‌ی «اتریش» است. عدد اتمی عنصر «تکنسیم» ۴۳ است. چهل و سومین سوره قرآن «زخرف» است. ۴۳ من بودم. ۴۳ «دختره را بیاورید» بود. ۴۳ «بیایید دختره را ببرید» بود. ۴۳ «دختره چیز دیگری می‌گوید» بود.۴۳ من بودم که مثل آدمی که دو قله‌ی زندگی‌اش را پشت سر گذاشته پله‌ها را بالا و پایین می‌رفتم. صبور، سنگین، سرگردان. ۴۳ توی اتاق می‌نشست و گوش‌هایش را تیز می‌کرد برای شنیدن صدای اتاق‌های بغلی. می‌خواست چیز دیگری نگوید. اگر متهم اتاق بغل را می‌زدند، گریه می‌کرد. اگر متهم اتاق بغل توی اتاق بغلی نبود نگرانش می‌شد. نگران ۴۴ بودم.ما را مثل مهره‌های سیاه گذاشته بودند توی خانه‌های شطرنج. فرقی نمی‌کرد توی کدام خانه بنشینی. فرقی نمی‌کند پایت روی خط باشد یا دقیقا وسط خانه باشی. خانه‌های شطرنج یکسانند. گریه می‌کردم

و گریه می‌کردم و به زن «لوط» فکر می‌کردم. هر روز به زن لوط فکر می‌کردم. هر روز چوبم را برمی‌داشتم و با پشت خمیده می‌رفتم روی سکوی سوم توی حیاط هواخوری می‌ایستادم انگار زن لوطم که چشم به راه شوهرش ایستاده. قرآن را دوره می‌کردم و می‌خواستم بدانم مگر زن لوط چکار کرده که همه جای قرآن از او به عنوان عجوزه‌ای گناهکار یاد شده. فکر می‌کردم زن لوط هم حتما نمی‌داند چه کار اشتباهی مرتکب شده است. حتما زن لوط را هم تفهیم اتهام نکرده‌اند. یک روز لوط و یاران باوفایش اسبابشان را جمع می‌کنند و می‌روند. بدون اینکه بگویند چرا. و زن لوط هم از تنهایی اسبابش را جمع می‌کند و می‌رود پیش زن «نوح». می‌بیند چیزی جز مشتی نمک نمانده. برمی‌گردد و منتظر عذاب می‌شود.

منتظر عذاب بودم و در همان حال دعا می‌کردم و یک «خدا از ماشین»[۶] طلب می‌کردم. خدا از ماشین ابزاری معمول در نمایش‌های یونان باستان بود که به کمک آن خدایی را از هوا به صحنه نمایش فرود می‌آوردند تا قهرمان نمایش را از گیرودار مشکلات نجات دهد یا پلات نمایش را که به بن‌بست رسیده به پیش بَرد. منتظر هر دخالت نامنتظری بودم؛ و گاهی این جمله‌ها و این حالت‌های پارادوکسیکال می‌شوند تمام زندگی آدم. تک تک حالت‌های نامنتظر را در ذهنم بررسی می‌کردم. از فعال شدن گسل زیر تهران و زلزله و خرابی دیوارهای قطور اوین تا فرود آمدن یکی از آن فرشته‌های امریکایی و رستاخیز. چیزی که زیاد داشتم وقت اضافی بود. وقت «هیچ کاری نداشتن». طول دادن حمام فایده‌ای نداشت و مگر چند بار می‌شود حیاط را جارو زد و دستشویی‌ها را شست؟

بالاخره یک روز تمام شد. حاج آقا گفت بگیر اینجا را امضا کن و انگشت بزن، شما دیگر کارت تمام شده. همین روزها آزاد می‌شوی. و اینجا بود که من زدم زیر گریه و التماس اینکه من را آزاد نکنید. من نمی‌خواهم بروم. من نمی‌خواهم آزاد بشوم! من باید اینجا بمانم! و این گریه صادقانه‌ترین گریه آن روزهایم بود. باور کنید!

---

۶- deus ex machina

## شش

۱- سیستم تو را تحت اراده خودش در می‌آورد. اراده‌ای که مهم‌ترین عملش درست کردن هدف برای متهم زندانی است. و این هدف چیزی نیست جز «آزادی». نه اینکه خود زندانی این هدف را نداشته باشد! نه! اما دستگاه سعی می‌کند بلافاصله که متهم را دستگیر کرد و چشم‌بند زد و انداخت توی سلول انفرادی، همین که درش آورد و نشاندش روی صندلی رو به دیوار و بازجویی‌اش کرد، درست در همین لحظه، بزرگ‌ترین هدف موجود را به خوردش بدهد. «تو باید آزاد بشوی»؛ و به علّت اینکه این هدف ساختگی توسط بازجوها از لحاظ شکل بسیار شبیه هدفی است که هر آدم زندانی شده‌ای دارد، باعث می‌شود بلافاصله هدف بازجو را بپذیرد. و این اولین قدمی است که متهم به سمت اراده معطوف به قدرتِ بازجو برمی‌دارد. همسو شدن زندانی و بازجو از همین جا شکل می‌گیرد. «من باید آزاد بشوم.» از همین جاست که حرف‌های دروغ بازجوها را باور می‌کنی؛ «این را بنویسی، فردا آزادی!». تاریخ ثابت کرده است که حتی متهم‌های افسرده‌ای که سابقه خودکشی هم داشته‌اند در چنین شرایطی هدفشان آزادی است و برای رسیدن به این هدف تلاش می‌کنند. بازجو توی مغزت فرو می‌کند تو باید آزاد بشوی و از طرف دیگر فریاد می‌زند «ما» تو را زندانی کردیم، «ما» می‌توانیم هرچقدر بخواهیم نگهت داریم، «ما» می‌توانیم آزادت کنیم؛ و

از این طریق تو هر لحظه قدرت را بیشتر و بیشتر حس می‌کنی. از طرف دیگر زندانی کردن انسان در سلول انفرادی و قطع ارتباطش با دنیای بیرون از زندان، نوع دیگری از قدرت‌نمایی سیستم و جزء پروسه تحقیر و تضعیف متهم‌هاست. تمام ارتباطات انسان در یک لحظه قطع می‌شود، و فکر اینکه هیچ کس حتی عزیزترین و نزدیک‌ترین آدم‌های زندگی‌ات هم نمی‌دانند الان در این لحظه تو کجا هستی، مغز را درگیر می‌کند. اجازه‌ی داشتن وکیل نداری و هیچ قانونی نیست که به دادت برسد. خودت هستی و خودت. و در آن شرایط تنهایی تمام وجود انسان را در بر می‌گیرد. حالا همه چیز مساعد است تا هر روز بعدازظهر یک «ما» بیاید پشت سرت بنشیند و توی مغزت فرو کند «ما» از همه چیز زندگی‌ات خبر داریم. «ما» اینجاییم تا تو اعتراف کنی و بعد «ما» آزادت می‌کنیم.

۲- «ویتگنشتاین» می‌گوید کسی که در «حال» زندگی می‌کند، بدون ترس و امید زندگی می‌کند.

توی آن روزهای انفرادی حقیقتا نتوانستم در زمان حال زندگی کنم. حالم، حال خوبی نبود. در گذشته و آینده غوطه‌ور بودم و همین یعنی هم امید داشتم و هم ترس. اما آدم فقط تصور! می‌کند که در آن «حال» زندگی نکرده. وقتی می‌آیی بیرون، وقتی برمی‌گردی خانه، می‌بینی هنوز آن تویی. یک نفر باید به شانه‌ات بزند و بگوید «هی! کجایی؟». یک نفر باید از خواب بلندت کند که «عزیزم ناله نکن!». یک نفر باید بَرت گرداند. «حالِ» آن مکانِ بخصوص، چنان در حافظه‌ی تک تک سلول‌های بدنت نفوذ کرده -در هر ۱۰۰ تریلیون سلول بدنت- که فقط باید آنقدر صبر کنی تا همه سلول‌هایت از بین بروند و سلول تازه تولید شود تا از خاطره‌ات همه چیز پاک شود. پنج سال که زندگی کنی تمام سلول‌های بدنت عوض شده‌اند. غیر از سلول‌های قلب و مغز. «حالِ» آن روزها برایت مانده، ته‌نشین شده، جا اشغال کرده توی قلب و مغزت. همین است که می‌گویم این چیزها تا زنده‌ای هیچ وقت فراموش نمی‌شوند.

۳- بله! این صادقانه‌ترین گریه‌ی من در آن روزها بود. گفتم نمی‌خواهم آزاد بشوم. اما این گریه هیچ نشانه‌ای از سندرم استکهلم نداشت. گفت چرا گریه می‌کنی؟ آزادت کردیم! مگر همین را نمی‌خواستی؟! با خشونت و وحشی‌گری روزهای اولم گفتم من را تنها اینجا نیاورده بودید که حالا تنها بروم. من نمی‌روم. خندید و گفت این هندی‌بازی‌ها را اینجا درنیاور. یک روز اضافه‌تر هم نمی‌شود بمانی.

کل شب را نخوابیدم، هواخوری صبح را رفتم، از مجبوری رفتم حمام، همان لباس‌های عرقی را دوباره پوشیدم، دراز کشیدم روی تک لایه پتوی خاکی‌رنگ همیشگی‌ام، پتوی بالش شده را گذاشتم زیر موهای خیس، پتوی نازک خاکی‌رنگ

سومم را کشیدم روی سرم. خانم بداخلاقه آمد و گفت پتوهایت را جمع کن برای شستشو. نگفت آزادی. هیچ کدامشان نمی‌گویند. انگار نباید بدانی آزادی. تا خرخره‌شان در سیستم دروغگویی و امنیتی و رازآلود مزخرفی گیر کرده‌اند و لذت می‌برند از اینکه تو را در «هیچ چی ندانی» نگه دارند. اینجا اوین است یا کجا؟ به تو مربوط نیست. مگر فرقی هم می‌کند؟ زندانی زندانی است. خانه‌های شطرنج یکسانند.

خانم بداخلاقه لباس‌هایم را آورده بود. زنجیر نقره‌ام را هم. هزار و پانصد تومان ته جیبم را هم. کاش شیفت خانم مهربونه یا حاج خانم بود. اگر آنها بودند بهم می‌گفتند که «۴۴» هم آزاد شده یا نه. از راهروهای زنجیره‌ای گذشتیم. هنوز چشم‌بند داشتم که صدای پایش را شنیدم. بعد از زیر چشم‌بند کفش‌هایش را دیدم. انگار احساساتم جمع شده بودند توی یک توپ پلاستیکی و به دیواره‌هایش فشار می‌آوردند. فششششار، فشششار، یک سوزن ته‌گرد زده بودند به این توپ و اشک‌هایم لاینقطع می‌ریخت بیرون. چیزی جمع شده بود تویم که باید خالی می‌شد وگرنه زنده نمی‌ماندم. گریه می‌کردم. حالا می‌فهمم بچه‌ها چرا وقتی به دنیا می‌آیند گریه می‌کنند.

۴- «مسلّم است که هر نسلی احساس می‌کند باید برای اصلاح کردن دنیا به پا خیزد. نسل من می‌داند که دنیا را اصلاح نخواهد کرد، اما وظیفه‌اش شاید از این هم مهم‌تر باشد. وظیفه‌اش این است که نگذارد دنیا خودش را نابود کند. این نسل وارث تاریخ پوسیده‌ای است که در آن انقلاب‌های شکست‌خورده، جنون تکنولوژی، خدایان مرده و ایدئولوژی‌های از نفس افتاده به هم آمیخته‌اند.»[۷]

---

۷-میرزائی، علی (گردآورنده)، خدمت به حقیقت، خدمت به آزادی: خطابه های برندگان جایزه نوبل ادبیات، ترجمه‌ی رضا رضایی، تهران: نگاره آفتاب، ۱۳۹۰ - سخنرانی آلبر کامو - سال ۱۹۵۷

شش ❖ ۳۵

## هفت

روزهای آخر بود. البته آن روزها نمی‌دانستم که روزهای آخر است. وقتی آزاد شدم فهمیدم روزهای آخر بوده. حاج خانم آمد دم در، گفت وسایلت را جمع کن. منظورش سه تا پتو و مسواک و چشم‌بند و مانتو و چادر رنگی و مقنعه گل‌گلی و قرآنم بود. برای خودش دارایی بزرگی به شمار می‌رود. چون احتمال می‌دهند بعضی‌ها خودکشی کنند گاهی همین‌ها را هم در اختیارشان نمی‌گذارند. گفت می‌روی سلول بغلی. یک خانم دیگر هم آنجاست. فقط هیچ حرفی راجع به جرمت و اینکه چرا اینجایی نمی‌زنی. هیچ حرفی ها! اگر بفهمیم صحبتی در این باره کرده‌ای گزارش رد می‌کنیم و آن وقت درآمدنت با خداست. گفتم نمی‌شود نروم؟ گفت نه! دختر خوبی است. نترس. نمی‌خواستم. به سلّولم عادت کرده بودم.

روز اولی که پایم را توی خوابگاه گذاشتم فکر نمی‌کردم اینجوری عادت کنم و اینقدر طولانی آنجا بمانم. طولانی به نسبت بقیه دانشجوهای هم‌اتاقی‌ام. روز اول، کارم توی دانشگاه طول کشیده بود و دیر به خوابگاه رسیده بودم و وقتی وارد اتاق شدم همه تخت‌ها پر شده بود، غیر از یکی. طبیعتا بدترین تخت با بدترین موقعیت مکانی خالی مانده بود. یک اتاق کوچک با سه تا تخت دو طبقه. پتویم را انداختم روی تخت طبقه‌ی دوم کنار پنجره که لق لق صدا می‌کرد و با کوچکترین تکانی،

تکان می‌خورد. دانشجوی تخت پایینی تخت را از دیوار جدا کرده بود. گفتم من توی خواب غلت می‌زنم، می‌افتم ها! وسایلش را در فاصله‌ی بین دیوار و تخت چیده بود و هر چی دلیل می‌آوردم حاضر نبود تخت را به دیوار بچسباند. طی ماه‌های بعدی و سال‌های بعدی، اتاق کم کم خالی شد. دانشجوها می‌توانستند بروند به خوابگاه نزدیک دانشگاه، امکانات بهتری داشت و بزرگتر بود. من نرفتم. بقیه‌ی تخت‌های اتاق خالی شد. من از تخت بدقلقم جدا نشدم. فارغ‌التحصیل شده بودم، اما دل نکندم و همچنان ماندم. تا اینکه نامه آمد. یک شب همه وسایلم را جمع کردم، تختم را بوسیدم و آمدم بیرون. تاکسی گرفتم و رفتم کرج. نم نم باران می‌آمد.

اتاق‌های انفرادی تخت ندارد. همه فیلم‌ها و سریال‌های تلویزیون تصویر اشتباهی از سلول انفرادی نشان می‌دهند. یک و نیم در دو متر، با چند لامپ سفید پر نور و موکتی پهن شده کف زمین. اگر پنجره‌ای هم باشد با پوشش فلزی بسته شده و هیچ سوراخی ندارد که فضای بیرون را ببینی. تنها می‌توانی به قفل بزرگش زل بزنی و فکرت پر بکشد توی آسمان آن بیرون. پر فرشته امریکایی‌ام را هم گذاشتم لای قرآن و همه را بغل کردم. چشم‌بند زدم و دنبال حاج خانم رفتم سلول بغلی. حتی برای همین فاصله کوتاه بین دو سلول هم باید چشم‌بند زد. نباید چشمت بیفتد به راهروی باریک خاکستری-سبز بین سلّول‌ها. نباید جای دوربین را آن گوشه سقف ببینی. نباید در خروجی را ببینی. چرا؟ نباید دلت هوایی بشود.

«کاوه گلستان» یک مجموعه عکس از زنان کارگرجنسی محله «شهرنو» تهران دارد به اسم «قلعه». در مصاحبه‌ای گفته بود نزدیک شدن به این آدم‌ها و عکس گرفتن ازشان کار سختی بوده. اما کم کم به او اعتماد می‌کردند. در همان مصاحبه یک جمله درباره روسپی‌ها می‌گوید: «هیچ کس نیست که با آن‌ها حرف بزند. اما باید بدانیم که این‌ها در برابر کوچک‌ترین رابطه صادقانه‌ای بغضشان می‌ترکد.»

مدتی طولانی بود که کسی با من حرف نزده بود. و مفهوم «حرف زدن» خیلی فراتر از خارج شدن کلمات صدادار از دهان یک نفر و رسیدن به گوش نفر بعدی است. مدت‌ها بود هیچ رابطه صادقانه‌ای نداشتم. همان اولین جمله‌هایی که بین من و هم‌سلولی‌ام رد و بدل شد، بغضم را ترکاند.

سپیده. اسمش سپیده بود. صدایش را قبلاً شنیده بودم. گوشم را چسبانده بودم به دریچه‌ی میله میله‌ی پایین در سلول خودم و صدایش را شنیده بودم. یک بار با «دماغ عملیه» حرف می‌زد. انگار یکی از قرص‌هایش افتاده بود روی زمین. دماغ عملیه می‌گفت اوناهاش! اونجاست. و سپیده نمی‌دید و پیدایش نمی‌کرد. داشت به دماغ عملیه می‌گفت که چشم‌هایش خیلی ضعیف است. حدود چهار استیگمات و

لنز می‌گذارد. اما اینجا چون خیلی محیط آلوده است نمی‌تواند لنز استفاده کند و تازه الان هم چشم‌هایش به خاطر این چشم‌بندهای کثیف، عفونت کرده و می‌سوزد. چند باری هم صدای «نادعلی» خواندنش را شنیده بودم. بعدا فهمیدم این یاعلی و یاعلی و یاعلی مربوط به دعای نادعلی است. بعدا که سپیده مجبورم می‌کرد بخوانم فهمیدم. همان اول دو تایی‌مان همه چیز را ریختیم روی دایره. اولین جمله‌اش این بود: «تو اینهمه روز توی سلول انفرادی تنها نگهت داشتن، من با خودم گفتم حتما یه جا بمب گذاری کردی. کردی واقعا؟» سپیده پتوی زیری‌اش پهن بود، من هم پتویم را پهن کردم و از آن به بعد دیگر حوصله جمع کردنش را نداشتم. سلولش یک کم بزرگ‌تر بود اما باز هم جا تنگ بود و شب‌ها پاهایمان به هم می‌خورد. می‌گفت آن قمبلی روی سقف، دستگاه شنود است. می‌گفت بیا سرهایمان را کنار هم بگذاریم و حرف بزنیم. اینجوری نمی‌توانند بشنوند. سپیده، شهرزاد قصه‌گوی من بود. شب‌ها تا صبح حرف می‌زد و قصه‌هایش را تعریف می‌کرد. هیچ کداممان خواب نداشتیم. باید بنشینم و قصه‌هایش را به یاد بیاورم و بنویسم، مگر از آن روزها خالی بشوم. باید آنقدر بنویسم تا سلول‌هایم خسته بشوند و حافظه‌شان را پاک کنند. باید حداقل قسمتی از عذاب آن روزها را بنویسم. هرچند که «کلمه» ناتوان‌ترین وسیله است برای تعریف «رنج» و «تاریخ».

هفت

## هشت

۱- بهت که گفته بودم تصادف کردم فکم شکسته بود، سه ماه فقط و فقط آبِ کله‌پاچه و آب آناناس با نی می‌خوردم، دروغ گفته بودم. تصادف نکرده بودم، دوست پسرم مشت کوبیده بود توی فکم.

روزای قبل انتخابات ۸۸ بود. من که اهل سیاست و این حرفا نیستم. نه ایمیل دارم نه فیس‌بوک. حتی دستم به دکمه‌ی پاور کامپیوتر هم تا حالا نخورده. من اهل مهمونی و پارتی و رفیق‌بازی‌ام. به بازجومم همینو گفتم. اینی هم که اینجام تقصیر اون قرتی‌خانمه که گذاشت فرار کرد، رفیق صمیمیش رو به جاش انداختن این تو. ولش کن «بیتا» رو. بذار از روزای قبل انتخابات بگم برات. اون موقع یه بنز شاسی‌بلند داشتم. نه نه اون موقع سانتافه داشتم. آره اون موقع هنوز اون بنزه رو بابام نخریده بود. خانمی که شما باشی عصرا بچه‌ها جمع می‌شدن توی این ماشین می‌شَستیم می‌رفتیم ولی‌عصر و انقلاب. یکی از اینور عکس بزرگ «موسوی» آویزون می‌کرد و روسری سبز سرش می‌کرد. یه دوست دیگه هم داشتم «یاسی». می‌خواست مثلاً با ما لج‌بازی کنه. از اون شیشه اون‌وری عکس احمدی‌نژاد رو آویزون می‌کرد. می‌گشتیم تو خیابونا و جیغ و ویغ و دُور دُور و پسربازی. یه بارم نگه داشته بودم

کنار خیابون از یه شبکه عربی اومدن مصاحبه. اون موقع، موهام رو نقره‌ای کرده بودم و تازه این ژل توی لبم رو تزریق کرده بودم و لنز آبی یخی هم گذاشته بودم و خلاصه یه تیپی. گفتن به کی رای میدی؟ گفتم معلومه موسوی. از اون‌ور یاسی جیغ می‌کشید احمدی‌نژاااااد احمدی‌نژاد. شب دوستام زنگ زدن گفتن اوه اوه سپیده کارت دراومده! توی ماهواره نشونت دادن. مثل چی ترسیده بودم. تا دو روز نرفتیم دُورِ دُور. روزای قبل انتخابات ۸۸ بود. یه روز با بچه‌ها دُور دُور بودیم. شیرین گفت من دلم گوجه‌سبز می‌خواد. گفتیم بندازیم بریم میدون تجریش، گوجه‌سبز. خانمی که شما باشی دیدم یه BMW افتاده دنبالمون. پیچیدم توی یه خیابون که جاش بذارم، لامصب چنان دست‌فرمونی داشت که پیچید جلوم، نگه داشت، یه دختره خوشگل سرش رو از شیشه بغل راننده درآورد و گفت خانوم! داداش من عاشق شما شده، میشه یه آدرسی، شماره‌ای بدین؟ بعدا فهمیدم منشی شرکتش بوده. خودش دراومد از ماشین و اومد طرف شیشه ماشین من. خودشو کامل معرفی کرد و گفت مهندس نقشه‌کشیه و فارغ‌التحصیل شریف و خیلی‌ام خوش‌تیپ و خوشگل بود. عین ایتالیاییا! تبلیغ لباس‌زیر مردونه‌ی «ویکتوریا سکرت» رو دیدی؟ ندیدیش واقعا؟! اون مَرده که صورت استخونی داره. عین اون بود. خلاصه من که جواب سربالا دادم. این یاسی و شیرین و اینا پریدن گفتن ما می‌خواستیم بریم تجریش گوجه‌سبز بخریم. گفت این وقت شب دیگه پیدا نمیکنین. بیاین سمت خونه‌ی من، من براتون گوجه‌سبز میارم. منم با خودم گفتم یارو داره زرنگ‌بازی درمیاره می‌خواد مارو ببره خونه. وگرنه پسری که میگه تنها زندگی می‌کنم چجوری می‌تونه توی یخچال خونه‌ش گوجه‌سبز داشته باشه؟! پسرا اصلا اهل این چیزا نیستن. قبول داری؟ بهش گفتم میایم ولی بالا نمیایم، اگه دروغ گفته باشی دیگه هیچ وقت رد ما رو هم نمیبینیا! خلاصه منشیشو وسط راه پیاده کرد و ما هم دنبالش تا کامرانیه. حالا شانس ما خونه‌شون هم دو سه کوچه بالاتر از ما بود. رفت بالا و با یه ظرف پر گوجه‌سبز تازه شسته شده و نمک‌زده برگشت. خلاصه خانمی که شما باشی اینجوری شد که باهاش آشنا شدم و شد دوست پسرم.

۲- «رضاموتوری» بود که می‌گفت «وقتی آدم تنها میشه به خیلی چیزا دل می‌بنده» . مورچه‌ها و طوطی‌ها. اینها دلبستگی‌های من بودند. طوطی‌ها روی درخت‌های بلند اوین خانه کرده بودند، دیوانه‌ها! می‌پریدند و با من کاری نداشتند. روی کانال‌های هواکش توی حیاط با همان چوبم نوشتم «یه پرنده‌ست یه پرنده‌ست، که از پرواز خود خسته‌ست، پر پروازشو چیدن».

و مورچه‌ها. گوشه دیوار یک سوراخ کوچک باز شده بود و مورچه‌ها تمام

سلول را قبضه کرده بودند. غذا را تقسیم می‌کردیم. یک دانه عدس، یک دانه برنج و یک تکه کوچک گوشت می‌گذاشتم در فاصله‌ی پنج و ده سانتی متری سوراخ و ساعت‌ها حرکتشان را بررسی می‌کردم. اول کدام را برای بردن انتخاب می‌کنند. کدامشان اول با سرعت خبرِ غذا را می‌برد توی سوراخ. بزرگ‌ها می‌روند سراغ کدام یکی، کوچک‌ها سراغ کدام یکی. حاج خانم می‌گوید وحشی‌شان کرده‌ای.

همین است که شب‌ها از سر و کولم بالا می‌روند و نمی‌گذارند بخوابم. سرم می‌شود یک گلوله مورچه. از سوراخ چشم‌هایم مورچه می‌ریزد. از سوراخ کف دستم فورانِ مورچه است که می‌ریزد بیرون. یک گلوله مورچه، خانه کرده‌اند ته بطن چپ قلبم. همین که خون پمپاژ می‌شود، چندتایی وارد آئورت می‌شوند و شانسشان چی باشد که به کدام دستگاه بدنم برسند. آزاد که شده بودم خون و مورچه دفع می‌کردم. مورچه‌ها زنده بودند و راه می‌افتادند توی کاسه‌توالت خونی.

۳- شکاک بود. چِکم می‌کرد جوری که نمی‌تونستم جُم بخورم. مثلا نشسته بودیم چند نفری حرف می‌زدیم، یهو منو می‌کشوند توی اتاق می‌چسبوندم به دیوار می‌پرسید چرا داداشم اینجوری نگات کرد؟! یه شب ساعت دو، کشیده بود از دیوار خونه‌مون بالا، از پنجره اومده بود توی اتاق من. خونه‌ی ما هم طبقه سوم برج بود تو کامرانیه. اومده بود تو اتاقم، ببینه هستم یا پیچوندم رفتم مهمونی. دید هستم ها! باز چاقو رو گذاشت زیر گلوم گفت زن‌جنده بگو کجا بودی؟ تکه‌کلامش همین زن‌جنده بود. (سپیده بگیر بخواب) یه بار هم کل شیشه‌های برج رو آورد پایین. کلی خسارتش شد. دیوونه روانی بود. منو کتک می‌زد بعد مُیفتاد به غلط کردم و گریه و زاری. ( به خدا اگه نخوابی این بطری آب رو خالی می‌کنم روی سرت). یه بار رفتم شکایت کنم ازش. یه تلفن کرده بود به سرهنگه. یارو گفت خانوم وردار جمع کن پرونده رو. از آقای ب. الف می‌خوای شکایت کنی؟ من جای تو بودم نمی‌کردم. (سپیده تو گفتی اون پونصد تومن پولی که برنده شدی توی بانک رو چیکار کردی؟) ول‌کن نبود، همه جا تعقیبم می‌کرد، می‌خواستم از دستش فرار کنم، شبانه اسباب‌کشی کردیم که پیدامون نکنه. رفته بود بازار، خانمی که شما باشی اینقدر نشسته بود تا بابام از مغازه بزنه بیرون. پیداش کرده بود بابامو تعقیب کرده بود خونه جدیده رو هم پیدا کرده بود. چنان زبونی می‌ریخت که همه رو خر می‌کرد. (از همون بانک رفتم پاسداران، یه هفته پیشش یه کیف دیده بودم، مارک، خیلی خوشگل، ششصد هزار تومن ته کیفم داشتم گذاشتم روی اون و خریدمش). شیش ماه رفتم کیش تنهایی زندگی کردم که پیدام نکنه. با یکی از دوستام یواشکی هماهنگ شده بودن بدون اینکه من بدونم چنان تولدی برام گرفت که دهن همه

وا مونده بود.(سپیده تولده رو قبلا گفتیا) دوباره برگشتم و دوست شدیم. ولی ول نمی‌کرد، دستِ بزن داشت. یه بار با ماشین دنبالم کرد. خیلی تند می‌رفتما ولی لامصب چنان دست‌فرمونی داشت که پیچید جلوم، نگه داشت، اومد سراغم یه مشت گذاشت توی فکم. (یک میلیون و صد دادی واسه یه کیف دستی؟؟؟) بابا مامانش اومده بودن بیمارستان و کلی سبد گل و طلا و هدیه آورده بودن که شکایتی نکنیم. تعهّد داد که دیگه بی‌خیال من بشه. خانمی که شما باشی الان یه دو سالی می‌گذره که پیداش نیست.

راستی بهت که گفته بودم من یه ماهه اینجام، دروغ گفته بودم. الان دو ماهه که این تو انداختنم. حاج خانم گفت بگو یک ماه. دو سه بار رفتم دادگاه و برای وثیقه امضا کردم، ولی هیچ خبری از آزادی نشد که نشد. هیجده روزه که بازجوم حتی احوالمو نپرسیده. باز خوبه تو رو هر روز می‌برن بازجویی.

۴- چادر را گلوله کردم و گذاشتم کف سلول. چراغ‌های سفیدِ همیشه روشن، اذیتم می‌کرد. چشم‌بند را زدم، چشم‌هایم را بستم و دراز کشیدم. از روزی که انداخته بودندم توی سلول، شروع کرده بودم به نوشتن داستانی در ذهنم. آنجا هیچ خودکار و کاغذی نیست. جز توی اتاق‌های بازجویی. وقتی هم که بازجویی تمام می‌شود یک نفر می‌آید و ورق‌ها و خودکارت را می‌گیرد. حتما باید همه چیز را پس بدهی و بعد برگردی به سلولت. اسم کتاب را گذاشته بودم «دراز به دراز». همه جمله‌های سر فصلش با این ترکیب کلمه‌ای شروع می‌شد. یکی از فصل‌هایش درباره جنینی بود که دراز به دراز افتاده توی رحم و با ناخن‌های تازه درآمده‌اش روی دیواره رِحم اسم کسی را حک می‌کند. حروف و نقش‌های دیگری هم هست. انگار کسان دیگری هم قبل از او توی این رحم بوده‌اند. جمله‌های ناامید کننده‌ای می‌بیند. یکی نوشته هفت ماه می‌گذرد و هنوز خبری نیست. یکی اندازه‌ی سه ماه روی دیوار چوب‌خط کشیده. داشتم به پایان‌بندی کتابم فکر می‌کردم و توی ذهنم می‌نوشتم «دراز به دراز افتاده‌ام و پارچه‌ی زبر کفن، توی دهانم را پر کرده است». یکهو احساس کردم کف سرم می‌سوزد. بلند شدم و چشم‌بند را برداشتم. سرم پر شده بود از مورچه. روی چادر، لای موهایم، دور گردنم، همه پر از مورچه بود. داشتند زنده زنده می‌خوردندم. همه را تار و مار کردم. وحشتم زده بود. وحشتم زده بود.

# نه

«سرهنگ اونجا نشسته بود و اونها روی سرش آب می‌ریختند، یک جور دعای خیر یا همچین چیزی بود، یک جور معنای مذهبی داشت».[۸]

سپیده روی پتویش نشسته و کتاب چاق و چله‌ی مفاتیح روی پایش باز است و زیر لب چیزی می‌خواند. دستش را به صفحه باز مفاتیح می‌کشد، بطری آب توی دست دیگرش است. دعا را از روی صفحه می‌خواند و فوت می‌کند به آب و آب را می‌پاشد به صورتش، می‌پاشد روی سرش، آب شرّه می‌کند روی شانه‌هایش، مقداری آب می‌ریزد کف دستش و می‌پاشد روی گردن و پستان‌های بزرگش. تی‌شرتش را برعکس پوشیده، چون رویش تصویر دختر نیمه‌لختی بوده و حاج خانم بهش گفته لباست را برعکس بپوش. خودش را خیس می‌کند و در همان حال ذکر می‌گوید. دعا می‌کند و سر آخر به گریه می‌افتد. کارش که تمام می‌شود بطری آب را می‌گیرد سمت من «پاشو تو هم این بقیه‌ی آب رو بریز روی سرت، دعا خوندم توش. ایشالا فردا میذارن به مامانت زنگ بزنی. پاشو!» با باقی‌مانده‌ی آب ته بطری وضو می‌گیرم، سر آخر یک کف دست آب می‌پاشم روی سرم. می‌گویم سپیده با همین ناخن‌های مصنوعی و لاک‌زده نماز می‌خوانی؟ یعنی منظورم این است که قبلا

---

۸- بارتلمی، دونالد، روی پله‌های کنسرواتوار، داستان تایلند، ترجمه‌ی شیوا مقانلو، تهران: افق، ۱۳۸۹

هم می‌خوانده‌ای؟ می‌گوید «نه! من اصلا نماز نمی‌خوندم. تازه روز اولی که آوردنم اینجا دستامم همین لاک رو داشت. بردنم بازجویی. بازجو گفت تا این ناخن‌ها رو داره من ازش بازجویی نمی‌کنم. حاج خانم هر چی استن برام آورد پاک نمیشد. گفتم بابا من که بهتون میگم اینا لاک دائمیه! شما تو عمرتون ندیدین! آخرش دونه دونه همه‌ی ناخن‌هام رو کندم دیگه. می‌بینی که چه شکلی شده. از اینجا برم بیرون یه راست آرایشگاهم» گفتم فکر می‌کردم به خاطر اینکه روز و شب داری ناخن‌هایت را می‌جوی این شکلی شده. نکن دختر، باز شب از درد ناخن خوابت نمی‌بردها!

آخر یک روز سپیده بغلم کرد و با گریه گفت: «پات سبک بود دختر. توی این دو ماه اینهمه آدم اومدن اینجا توی این سلول و رفتن. من هی موندم، هی موندم. تو اومدی گفتی دلت روشنه. من آزاد شدم. ایشالا تو هم زود آزاد شی» و بعد یواش درِ گوشم گفت: «شماره‌ی خواهرم رو که حفظ شدی دیگه؟ آزاد شدی خبر بده»

سپیده رفت و فردایش نغمه آمد. دیروز حکم نغمه را دادند. هفت سال. آن تو که بودیم بهش گفته بودند اگر همکاری کند تبرئه می‌شود. قرار بود از ف شکایت کند. بازجوهایمان یکی بودند. چقدر از حاج آقا تعریف می‌کرد. چه انسان شریفی است! چه مسلمانی! چقدر هوای آدم را دارد. همین جوری هوایش را داشت: هفت سال زندان تعزیری!

شبِ آخر بود. بعدا که آزاد شدم فهمیدم شب آخر بوده. نشستم و گفتم نغمه گول اینها را نخور. اینها همه‌شان دیوثند. «آ» خوش‌خط همان رابطه‌ای را با «ب» دارد که «آ» بدخط. اینجا جایگاه مهم است. فرقی نمی‌کند چه جوری برخورد کنند. همه چیز از پیش تعیین شده است. اشدّ مجازات!

با آقای ۴۴ بودم. میز روی بالکن را انتخاب کردیم و نشستیم. گفت می‌خواهم یک فیلم بسازم که از یک جاییش با یک اتفاق خاص به دو روایت موازی تبدیل می‌شود ولی آخرِ هر دو روایت یکی است. می‌دانم مدل این، خیلی فیلم ساخته شده ولی من هم دلم می‌خواهد این نوع تفکر را فیلم کنم. یعنی می‌فهمی؟ یعنی همه چیز از قبل معلوم است. نه نه! منظورم سرنوشت از پیش تعیین‌شده نیست. بحثم سر جبر و اختیار است. وقتی به زمانِ غیرخطی اعتقاد داشته باشی یعنی آینده‌ای که مثل گذشته و حال وجود دارد، یک چیز ثابت است. حالا هر چی زور هم که بزنی آخرش کاری که بخواهد بشود می‌شود. برای همین می‌گویم باور بکن از هیچ چی دیگر نمی‌ترسم. بیا این آب انار را بزنیم به سلامتی هم. سِرا سِرا[9]!

---

[9] - Whatever Will Be, Will Be

اگرچه اگزیستانسیالیست نیستم، یعنی هنوز با همین قضیه متافیزیک درگیرم، ولی دلم می‌خواهد فکر کنم که کاری از دست انسان هم برمی‌آید یا مثلا برمی‌آمده، و در این موقعیت یک جورهایی آدم مازوخیستی هم هستم. دلم می‌خواهد فکر کنم آن لحظه‌ای که با ۴۴ توی فرودگاه بودیم و می‌خواستیم برویم سفر تفریحی، آن لحظه‌ای که پاسپورت‌هایمان را پلیس گرفت و گفت شما ممنوع‌الخروج هستید، آن جایی که چمدان‌هایمان را از بار پس گرفتیم و با چشم‌های غمگین و بهت‌زده روبرویم ایستاد و از من پرسید «فرار کنیم یا برگردیم خانه؟» اگر نمی‌گفتم «برگردیم» یا اگر می‌گفتم «برنگردیم»، همه این اتفاق‌ها نمی‌افتاد. هرچی فکر می‌کنم به این نتیجه می‌رسم که «من می‌دانستم». من از قبل می‌دانستم قرار است چه اتفاقی بیفتد. ولی یکجور بی‌خیالی، یکی از آن لبخندهای تمسخرآمیزِ «مجیدتوکلی»وار توی مغزم بود که گفتم «برگردیم خانه». راست و دروغش را نمی‌دانم ولی داستانش را اینجوری برایم تعریف کرده‌اند: قاضی برای مجید توکلی شش سال زندان «بُرید». مجید در آن لحظه همان خنده تمسخرآمیز را روی لب داشت و به قاضی گفت شما فکر می‌کنید مگر چند سال دیگر «سرِ کار» هستید؟! قاضی گفت از همان جایی که ایستاده‌ای بیا سمت میز من و قدم‌هایت را بشمار. مجید هشت قدم برداشت. قاضی گفت «هشت سال زندان». حالا هی قدم‌هایم تا میز قاضی مقیسه را توی سرم می‌شمرم. از آنجایی که من ایستاده بودم، با آن قدم‌های لرزان و کوتاه من، شاید ده سالی را برایم بیندازد. چه می‌دانم آن آخوند چاق، با آن صورت سرخ و برافروخته، با آن فحش‌هایی که بلد است، قرار است چقدر برایم «ببُرد». تنها دلم خوش بود به حرف‌های دلگرم کننده وکیلم که می‌گفت هیچ چیزی در پرونده‌ات وجود ندارد و هر حکمی هم بدهند به چیزی نمی‌توانند استناد کنند.

نمی‌دانم چه کسی اولین بار مصدر «بریدن» و فعلش را برای «زندان» به کار برد. «بُرید» مصدر مُرخّم «بریدن» است. به معنی قطعکردن. توی فرهنگ لغت که نگاه کنی برای «بریدن» نوشته است جدا کردن با آلتی برنده چون کارد و غیره. و واژه‌های دیگری که از ترکیب با «بریدن» ساخته می‌شوند را لیست کرده است: سربریدن، رگبریدن، تببریدن، رهبریدن، پیبریدن، دلبریدن، قبابریدن، گردبریدن، گلوبریدن، طمعبریدن، امیدبریدن، نافبریدن، نانبریدن، گوشبریدن، سنگبریدن، قدمبریدن، نقببریدن، دستبریدن، راهبریدن، رنگبریدن، زبانبریدن، پیوندبریدن. ولی خبری از «زندانبریدن» نیست. شاید زندانبریدن جمع همه‌ی این مصدرهاست، نافبریدن و

سربریدن و دلبریدن و پیوندبریدن و...

«مقیسه» قرار است تیغ جراحی‌اش را بگذارد روی پوستم و ببرد. حتما خون از مویرگ‌ها بیرون می‌زند. خون و مورچه. بیهوشم یا نه؟ گیرنده‌های حسی‌ام دارند فعالیت می‌کنند. درد را سلول به سلول که بریده می‌شود حس خواهم کرد. جیغ می‌زنم یا نه؟

## ده

«جورجو آگامبن در مقاله K در تفسیر کتاب محاکمه کافکا این حرف را یادآور سنت رومیان باستان می‌داند. گویا هر فردی که به دادگاه فراخوانده می‌شده باید حرف اول کلمه KALUMINATOR به معنای تهمت‌خورده را روی لباسش حک می‌کرده. مبنای بحث آگامبن، اولویت داشتن تهمت و افترا نسبت به مفهوم جرم است. هر حاکمیتی در وهله‌ی اول، قبل از این که قضاوت کند و حکم صادر کند، مجبور است به آدم‌ها پیشاپیش افترا بزند. اگر کسی تهمت را نپذیرد به هیچ وجه نمی‌شود محاکمه‌اش کرد.»

می‌شود! وقتی توی دادگاه ایستاده بودم و مجتبی (مسئول چندین و چند ساله دفتر مقیسه) اتهام‌هایم را می‌خواند، اصلا باورم نمی‌شد. خشکم زده بود. مقیسه اجازه نداده بود وکیلم صحبت کند. با صدای لرزانی که از ته همان سلول لعنتی بالا می‌آمد گفتم من این اتهام‌ها را قبول ندارم! زنجیر سنگینی از گردنم آویزان بود. زنجیر بسته، سر و ته ندارد. نمی‌توانی اولین و آخرین حلقه‌اش را مشخص کنی. من یکَی از این حلقه‌ها بودم. آدم‌های دیگری هستند که حلقه‌های دیگر زنجیر منند. شاید حتی خودشان خبر نداشته باشند. شاید چند تا ایمیل بینمان رد و بدل شده باشد و بیا! این هم دو سال اضافه‌تر. همین دوست‌های دور و برم. حلقه‌ها و حلقه‌ها و حلقه‌های دیگر.

رویا که ۲۰ سال برایش بریدند.

رویا برای من دستی است که از دریچه‌ی میله میله‌ی پایینِ درِ سلول بیرون آمد و ظرف غذایش را گذاشت توی راهرو. در همان لحظه من در حال عبور از راهرو بودم به سمت دستشویی‌ها. از زیر چشم‌بند، دست چروکخورده‌اش را دیدم. دستی که انگار چهل و چند ساله بود. بعدا سپیده گفت او هم چند روزی مهمان سلولش بوده است. مهمانی شهروند انگلیس! اعتقادات عجیبی داشته که برایم قابل درک نبودند. مثلا با یک سری دعاهایی که با کاغذ از خودش آویزان کرده و از بازرسی بدنی زندان یواشکی در برده، تومور مغزی توی سرش را کنترل می کرده. مستقیم منتقلش کرده بودند بند عمومی زندان زنان. ۲۰ سال!

مهناز رفت اوین. پنج سال حکم گرفته بود. گفته بودمش نرو آن تو! یک کاری کن که نروی. (حالا که دارم این نوشته‌ها را ویرایش می کنم حسین توی زندان است. گفته بودمش نرو! یک کاری کن که نروی!) گفته بود مگر اینها چند سال دیگر می‌خواهند سر کار باشند؟! آی مجید توکلی! تو کجای این حلقه‌ای؟!

باز هم توی آن راهرو نشسته بودیم. دادگاه انقلاب از آن جاهایی است که یا باید سیاسی باشی یا قاتل زنجیره‌ای و فروشنده مواد مخدر که بگذارند بنشینی توی آن راهروها و منتظر قاضی‌ات باشی. دیوارنوشته‌ها را می‌خواندم. «بی گناه، ولی همیشه به‌گایی!». این یکی بیشتر از بقیه چشمم را گرفت. خیلی سعی شده بود با خط خوش و شعروار نوشته شود. در چهار سطر به صورت اریب. بی گناه... ولی... همیشه... به‌گایی... مطمئنم صاحب اثر یکی مثل این زندانی‌هایی بوده که دست‌هایشان به هم زنجیر است و لباس آبی راه راه تنشان است و خیلی وقت‌ها هم می‌نشینند روی موزاییک‌های راهرو. ولی چه فرقی می کند کی باشد؟! مهم این است که من هم همین حس را دارم. و فکر می کنم «به‌گایی» از آن ترکیب‌های خاصی است که در موقعیت‌های خاص استفاده می‌شود. یا بهتر بگویم در موقعیت‌های خاص فقط می‌تواند بار کامل معنایی خود را پیاده کند.

نشسته بودم و منتظر جلسه‌ی دوم دادگاه بودم. یکهو از انتهای سالن آقای بازجو را دیدم که به سمتمان می‌آید. مثل یک مکعب‌مستطیل. بازجوی اختصاصی خودم که همه آن روزها پشتم می‌نشست و خیلی هم حساس بود به اینکه نبینمش، نبود.

معمولا غروب‌ها می‌بردندم برای بازجویی. همین که می‌نشستم روی صندلی و چشم‌بند را کمی بالا می‌زدم، صدای اذان بلند می‌شد. حاج آقا می‌آمد و می‌نشست پشت سرم. یک بار توی اتاقی نشانده بودندم که سمت راستم پنجره بزرگی رو به حیاط داشت. مهتابی اتاق روشن بود و شیشه تبدیل شده بود به آینه‌ای که انعکاس

من و حاج آقا و میزش و فضای خالی اتاق را در خود نشان می‌داد. خیلی آهسته سرم را برگرداندم سمت راست و دیدم که ایستاده و دارد با برگه‌هایش ور می‌رود. عینکی بود. با قد متوسط. تقریبا چاق و با موهایی احتمالاً فرفری یا مجعد. گفت رویت را برگردان سمت دیوار و پوشه و خودکار را داد دستم.

کسی که داشت از انتهای راهرو می‌آمد حاج آقا نبود. یکی دیگرشان. آن سربازجوی همه‌کاره. آن آقای دیوث، آن مکعب مستطیل خالی بود. همه جا هم بود. توی خانه‌ام آمده بود. روزهای بازجویی برای اذیت کردنم می‌آمد. وقتی حاج آقا نتوانست شعرهایم را از رو بخواند و با داد و بیداد رفت از اتاق بیرون هم همین مکعب برای ادامه بازجویی آمد. و حالا سر و کله‌اش توی راهروهای خسته دادگاه انقلاب پیدا شده بود. نمی‌دانم اگر بفهمد «مکعب» صدایش می‌کنم چه حسی بهش دست می‌دهد. یک روز که توی آن زیرزمین بودم با یک دسته ورق آمد کنار صندلی‌ام ایستاد. حاج آقا از پشت سرم بلند شد و از اتاق رفت بیرون. مکعب پرسید به کی می‌گفته‌ام «شاخص»؟

من و آقای ۴۴ که زندگی و خاطراتمان کپی پیست همدیگر شده بود، اسمش را گذاشته بودیم «شاخص». فیلم طنزی را دیده بودیم که در آن کارآگاه مسخره‌ای حضور داشت و به نظرمان رفتارها و توجیهات ابلهانه‌اش شبیه بازجوی وزارت اطلاعاتی بود که آن روزها مدام ما را به وزارت اطلاعات احضار می‌کرد و برای هر رفتارمان مورد بازخواست قرار می‌داد. ورق‌هایی که مکعب آورده بود پرینت چت‌های بین من و ۴۴ بود. گفته بود شاخص را توی فیس‌بوک شناسایی کرده؛ و تصمیم گرفته بودیم یک نمه اذیتش کنیم و بعد از این کارمان کلی ذوق کرده بودیم. مکعب کاغذها را کوبید روی دسته صندلی. از جا پریدم. مکعب می‌خندید. انگار ته دلش راضی بود. از شاخص بدش می‌آمد. حتی یک بار فحشش داده بود. بله! دست بالای دست بسیار است!

اوضاعم به‌گایی است و دلم می‌خواهد فقط فحش بدهم. و این لحظه بدترین موقع است برای نوشتن. از دادگاه آمده‌ام و هر وقت از دادگاه می‌آیم پریود می‌شوم و درد وحشتناکی چنگ می‌زند به شکمم. خون و خون و خون. سوال‌های زیادی درباره انفرادی از یک «حبس کشیده» می‌پرسند. یکی از همیشگی‌هایش این است: پریود که شدی چه کار کردی؟! زمین را گاز زدم . روزی دو تا نواربهداشتی از پنجره‌ی کوچک بالاییِ در می‌گرفتم. از آن گلریزهای ساده. از آنهایی که برای اولین پریودم، مامان خریده بود و گذاشته بود روی سیفون دستشویی. خون و خون و مورچه. بله! رسم روزگار چنین است!

❖ ۵۱

# یازده

«وقتی که گذاشتنت توی سلول و اون در لعنتی به هم کوفته شد، اون موقع است که می‌فهمی این واقعیت داره. زندگی گذشته توی یک چشم به هم زدن می‌میره. هیچ چی برات نمی‌مونه، بجز تمام وقت‌های دنیا برای فکر کردن.»[۱۰]

- خب بعدش چی شد؟

: سوار ون که شدم و از خیابون‌ها می‌گذشتیم فقط آرزو می‌کردم کاش یه بار دیگه برگردم و این خیابونا رو ببینم. پرده‌های ون رو کشیده بودن و فقط از یه سوراخ کوچولو بیرون دیده می‌شد. می‌خواستم کرج رو ببلعم.

- چرا فکر می‌کردی دیگه ممکنه برنگردی؟

: چون اونجا ته دنیاست. چون یه جوری باهات رفتار می‌کنن انگار ته دنیاست. دستبند برای دستم بزرگ بود. چشم‌بند خیلی تنگ و سفت بود. لعنتی. اذیتم می‌کرد. باید می‌فرستادنمون تفهیم اتهام. نفرستادن. چرا اینقدر معطل می‌کنن پس؟ صدای اون آقایی که ماسک روی صورتش زده بود هنوز توی گوشمه.

---

[۱۰] - فیلم: The Shawshank Redemption( رستگاری در شائوشنگ)، کارگردان: فرانک دارابونت، ۱۹۹۴

داشت با موبایلش حرف می‌زد: اینجا رئیسا عوض شدن، پذیرش نمی‌کنن. حالا حسابشون رو می‌رسم. بگو بهشون اگه پذیرش نمی‌کنن همین الان یه تاکسی می‌گیرم این دو تا رو میفرستمشون برگردن.

- یعنی ممکن بود؟

هه! مگه الکیه؟! اسمت که بره روی اون برگه دیگه باید بری توو. الکی هفت تا مرد قلچماق با اسلحه برای دستگیریِ تویِ الف بچه نمی‌ریزن توی خونه‌ت که بعد فوری ولت کنن! همه‌شون دروغ میگَن. همه‌شون!

- شب اول رو یادته؟

: همه‌ش یادمه! غذا ماکارونی بود. فکر کنم مثلا یازده‌های شب بود که بردنم بازجویی. هنگ بودم. وقتی برگشتم توی سلّول، خانم بداخلاقه یه ظرف ماکارونی گذاشت جلوم. گفت شانس آوردی غذا مونده. لابه‌لاش یکی دو پر سبزی بود. حس کردم ته‌مونده غذاها رو آورده برام. لعنتی. ولم کن بابا. چرا باید اینها رو برات بگم؟

- برای اینکه یادت بره. برای اینکه دربیای از اون سلول لعنتی. برای اینکه دربیای از اون هواخوری و کانال‌های کولر. برای اینکه از زیرزمین بازجویی بیای بیرون. برای اینکه فراموش کنی. برای اینکه شبا بتونی خواب آدم‌وار ببینی.برای اینکه داری کم کم دیوونه میشی. برای اینکه باید بگی. باید!

پارسال همین روزها بود. تو فکر کن مثل فردا. یا دیروز. مثل همه یکشنبه‌های غم‌انگیز آذر. از سرِ کار برمی‌گشتم. سرِ راه سوسیس بلغاری و یک بسته قارچ خریده بودم که ناهار درست کنم. چقدر این یک سال دیر گذشت. انگار همه روزها و همه ساعت‌ها و همه ثانیه‌هایش مثل کرم‌های باغچه، خودشان را کشان کشان به هم می‌رساندند. آمدند. دستبند زدند و چشم‌بند. بردند. یک روز از روزهای سرد زمستان هم با همان وضع آوردند کنار اتوبان رهایمان کردند. هر روز و هر روز و هر روز تکرار می کنم «لیوان بعدی قرص‌های حل شده در سم/ باور بکن از هیچ چی دیگر نمی‌ترسم». اما باورم نمی‌شود. من از برگشتن پشت آن دیوارها هراس دارم.

شب اول می‌خواستم با قصه ساختن حواسم را پرت کنم. فکرم متمرکز نمی‌شد. تنها اشیاء بیرون از آن چهاردیواری کوچک، دو جفت دمپایی جلوی در خروجی بود که با آنها مسیر سلول تا اتاق بازجویی را طی می کردیم. چشم‌بند بسته، سر پایین، نگاه‌ها دوخته به دمپایی‌های قهوه‌ای رنگ‌ورو رفته و برگ‌های پاییزی کف حیاط. قصه شب اول درباره گفتگوی دو لنگه دمپایی بود. یکی زنانه و دیگری مردانه.

- «تو چرا جفت من نیستی؟»

:«چون زندونی یه پاش شکسته و توی گچه! تو کوچیکی، نمیتونه تو رو بپوشه!»

-«تو قبلا کجا بودی؟»

:«بند مردا! پایِ یه مرد زندانی!»

-« کجاها رفتی باهاش؟»

:«مث تو، اتاقای بازجویی و چند بارم هواخوری»

هیچ جوره نمی‌شد از فضای بسته اوین بیرون پرید. حتی با فکر و خیال و قصه.

گفتم بعد از این جلسه دادگاه می‌روم آرایشگاه و موها را کوتاه کوتاه می‌کنم. موهایی که هشت سال است چسبیده‌اند به سرم. مثل خالی که ۲۸ سال است چسبیده روی گردنم. موهایی که خیلی جاها با من بوده‌اند. خیلی جاها با هم رفته‌ایم. رهایشان کرده‌ام توی آب‌های اقیانوس هند. رهایشان کرده‌ام روی رود راین. رهایشان کرده‌ام توی معبد بودا. قایمشان کرده‌ام دور کعبه. چه دست‌هایی که این موها را بافته! چه بوسه‌هایی که نشسته روی تارهایشان! شب یلدای پارسال بود که نشستم یک گوشه‌ی انفرادی به چهل گیس کردنشان. شبم طولانی بود، مثل موهای مشکی‌ام. دست‌هایم خسته شده بود از بافتن و چشم‌هایم از گریه.

بازجو هر روز و هر روز می‌گفت به خاطر همه دروغ‌هایی که اینجا نوشته‌ای برایت شلاق می‌گیرم. ۲۰ شلاق و می‌گفت تو لاغری و تحملش را نداریها! آن شب بعد از تمام شدن بازجویی گفت برو خوب فکرهایت را بکن و بیا راستش را بنویس. یک شبِ بلند هم وقت داری برای به یاد آوردن همه‌ی چیزهایی که می‌گویی یادت رفته. شبِ یلدا بود. آن شب یک پرتقال بزرگ هم کنار شام دادند. با ضرب و زور پوستش را از دیدِ زندانبان‌ها و مورچه‌ها قایم کرده بودم و قبل از هواخوری رویش با ناخن حک کردم «من فاطمه‌ام! تو چی؟» و جا برای جوابش گذاشته بودم. می‌خواستم با زندانی سلول بغلی ارتباطی برقرار کرده باشم، هرچند کوتاه، ولی انسانی. پوست را گذاشتم روی کانال‌های توی حیاط. ولی دیگر پیدایش نکردم. هیچ جوابی نگرفتم و دلتنگی‌ام بیشتر شده بود. بعدا فهمیدم سپیده آن پوست را پیدا کرده. با چشم‌های ضعیفش نوشته‌ی روی پوست را ندیده، پرتش کرده توی سطل آشغال و چند تا فحش هم داده به آدم بی‌فرهنگی که پوست میوه را آنجا گذاشته!

انگار این موها، این عضو مرده، سلول‌های حافظه‌دار منند. انگار ساقه‌های باریکشان پر از خاطره است. همین است که دانه دانه دارند سفید می‌شوند. باید دل بکنم. این روزها مراسم خداحافظی دارم با این حجم سیاه طولانی روی سرم. این روزها دلم تنگ است برای جَرق و جَرق شمشیرم. برای زندگی سراسر هیجانم که یک سالی می‌شود مثل اجاق خانه خاموش شده. این روزها مدام صدای غمگین مادربزرگ توی گوشم است که این آواز محلّی را خیلی حزن‌آلود برایم می‌خواند:

صد بار گفتُم همچی مَکوُ، ننه گل‌ممد
زُلفای سیا ر قیچی مَکوُ، ننه گل‌ممد
کو جَرق جَرق شمشیرت، ننه گل‌ممد
کو دَرق و دَرق هف‌تیرت، ننه گل‌ممد
کو اجاقت، کو اطاقت، ننه گل‌ممد
کو برِ ارای قُلچُماقت، ننه گل‌ممد
صد بار گفتم همچی مَکوُ، ننه گل‌ممد
زلفای سیا ر قیچی مَکوُ ننه گل‌ممد

# دوازده

یکی از چیزهایی که باعث می‌شود این «کمدی غیرالهی» ادامه پیدا کند، دلبستگی‌ام به جمله‌ی داخل پرانتز انتهای هر پست وبلاگ است: (ادامه دارد). ادامه دادن برای من نشانگر حرکت است و تغییر. برای من این حرکت، حرکتی است از اتاقک تقریبا یک و نیم در دو متری بند دو الف انفرادی زندان اوین، به بیرون. نه به جایی که قبلا ایستاده بودم، به چند قدم آن طرف‌تر، دورتر. همین است که این نوشته‌ها هی کش می‌آیند و کش می‌آیند تا در یک اسلوموشن، مغزم فرمان بدهد به پای راستم، پای راستم بلند بشود و یک قدم بیاید جلوتر و بعد پای چپ و در همین زمان دست‌هایم پاندول‌وار کنارم تکان بخورند. این نوشته‌ها نه تنها روی کاغذ الکترونیکی، بلکه توی مغز غیرالکترونیکی من هم حالت سیّالی به خود گرفته‌اند. از همان اول گفتم زمانِ غیرخطی را به خطی ترجیح می‌دهم. جسته و گریخته نوشتن. پریدن از بیداری به خواب. حس می‌کنم کم کم دارد زبان و لحنم تغییر می‌کند. شیشه شکسته‌ای شده بودم و لبه‌هایم تیز بود و به هر کس که برخورد می‌کردم خونی می‌شدیم و به هر کجا که گیر می‌کرد، پاره می‌شدیم. سابیدمم. خودم را سابیدم. خودم را دارم می‌سابم. دانته اسم کتابش را می‌گذارد «کمدی الهی». زیرا می‌خواهد پایان‌بندی شادی را برای کتاب ترسیم کند. جایی خوانده بودم که کمدی در قرون وسطی به معنای رستگاری و به عافیت رسیدن نیز بوده. کمدی یک جور راه نجات و رهایی

است. ولی هرچی هم که می‌نویسم می‌بینم «کورت ونه‌گات» راست می گوید؛ وقتی فاجعه‌ای رخ می‌دهد شاید فقط بشود گفت: جیک جیک جیک.[۱۱]

[۱۱] - ونه گات، کورت، سلاخ خانه شماره پنج (جنگ صلیبی کودکان)، ترجمه علی اصغر بهرامی، تهران: روشنگران و مطالعات زنان، ۱۳۸۳

## سیزده

ما داشتیم باغچه را آب... ریختند
از در –که باز بود–
– در، سال‌ها به کوچه‌ی بن‌بست باز بود–
اول تو را –که داشتی از باغچه
ایراد می‌گرفتی و در ذهنِ خاک با
انگشت، چاله‌هایی کوچک درست می‌کردی–
با اسلحه به سینه دیوارِ خانه چسباندند
و من نگاه کردم و دیدم
از لابه‌لای خاک
از زیر ریشه‌های گیاهان
صدها هزار کرمِ لزج، کرمِ چسبناک
بیرون می‌آمدند
با حرص، با ولع
می‌خواستند
خود را کشان کشان

به کفش‌هایمان برسانند
می‌خواستند
ما را
[که دست‌بند بسته به آبی که باز بود
- آبی که سال‌های سال روان بود
از حوض توی باغچه، پاشویه، سنگفرش حیاط-
با بغض چشم دوخته بودیم]
با حرص، با ولع
مانند برگ‌ها بجوند و
از چرخه حیات
بیرون کنند
دیدم نگاه کردی و از گریه تر شدی
دیدم که چشم‌بندت را
بر چشم‌ها کشیدی و ساکت
بی انتظارِ معجزه
با دست‌های بسته و بی ترس از اسلحه
- که لوله‌اش فشار می‌آورد به سرت-
از در - که باز بود-
-از در که بعدِ رفتنمان باز مانده بود-
رفتی
بیرون.

فاطمه اختصاری